D1730337

La Fiscalité en Immobilier

Guide Pratique

365 Conseils

Dépôt légal décembre 2022
Copyright 365 Conseils

N° ISBN : 9798365982758
Impression à la demande

BONUS DE CE LIVRE

En bonus de ce livre, téléchargez gratuitement sur le site de 365 Conseils :

- Un outil de simulation d'investissement et d'emprunt
- Un outil de simulation d'investissement à crédit en SCPI
- Un modèle de bail et d'inventaire de location meublée
- Un modèle de statuts de SCI, rédigé par un Avocat

http://www.365conseils.fr/bonus

AVERTISSEMENT

Les informations contenues dans ce livre sont des informations d'ordre général, sur la situation de la fiscalité immobilière en France. Elles ne constituent aucunement des conseils financiers et patrimoniaux.

L'éditeur décline toute responsabilité provenant directement ou indirectement de l'utilisation du livre. Il ne peut en aucun cas être tenu responsable d'un besoin exprimé par le lecteur, ou d'un choix réalisé par un lecteur de ce livre.

Consultez un expert-comptable ou un avocat fiscaliste en cas de question sur votre situation personnelle ou professionnelle.

Tables des matières

INTRODUCTION

INTRODUCTION

L'investissement immobilier est un excellent placement. Il est aussi très fiscalisé.

Chaque investisseur doit choisir les types d'investissements et les montages qui correspondent le mieux à sa situation (personnelle et professionnelle), et qui lui permettent d'optimiser son imposition globale.

L'investissement immobilier a un impact sur l'imposition globale du foyer fiscal. Et la réussite d'un investissement immobilier dépend très fortement de son optimisation sur le plan fiscal. Choix du régime, choix du montage, type de bien acheté, niche fiscale choisie ...

Pour s'en sortir dans cette jungle, ce guide pratique reprend l'ensemble des régimes existants, et détaille les pistes d'optimisation possible, selon les cas.

Ce livre ne nécessite pas d'être parcouru de la page 1 à la dernière page, comme un roman. Vous pouvez piocher librement les informations qui vous intéressent, selon vos problématiques immobilières actuelles, et votre situation personnelle.

Le sommaire vous présente l'ensemble des grandes parties et sous-parties, vous permettant de retrouver les éléments qui vous concernent et d'identifier les réponses à vos questions.

Consulter un expert-comptable ou un avocat fiscaliste est une très bonne solution pour éclairer ses choix. Ce livre permet d'avoir une vision globale en complément, et de trouver rapidement la réponse à sa question.

Tant que possible, il est mis à jour des dernières lois, réglementations et décrets votés, ayant un impact sur la fiscalité immobilière.

PARTIE 1

IMPOSITION DES REVENUS LOCATIFS EN LOCATION NUE

PARTIE 1 –

IMPOSITION DES REVENUS LOCATIFS EN LOCATION NUE

Si vous êtes propriétaire d'une location vide également nommée "non-meublée", différents régimes fiscaux se présentent à vous lors de la déclaration d'impôts. Nous allons ainsi vous présenter chacun d'eux, afin que vous puissiez sélectionner le plus approprié à votre profil.

Dans tous les cas, pour une location nue, vous devrez déclarer vos loyers dans la catégorie des revenus fonciers, grâce au formulaire n°2044. Vous devrez cocher la situation à laquelle correspond votre bien immobilier lors de l'étape n°3 "Revenus et charges", puis déterminer quel régime, entre le micro-foncier et le régime réel, est le plus avantageux pour vous.

Revenus fonciers : régime réel

Si lors de l'année concernée vous avez perçu des loyers menant à une **somme supérieure à 15 000 euros**, vous relevez obligatoirement et automatiquement du régime de déclaration d'impôt nommé "régime réel".

Néanmoins, vous pouvez sélectionner ce régime lors de votre déclaration même si vos loyers constituent une **somme inférieure à 15 000 euros** : cela vous permettra de faire des économies sur les impôts dont vous serez à charge.

Lors de votre déclaration, cocher la case "Revenus fonciers" à l'étape 3 pour choisir le régime réel. Il vous sera demandé de transmettre des informations telles que vos salaires, puis le formulaire Cerfa 2044 fera l'objet de votre sélection dans la colonne située à gauche de votre écran. Une demande de confirmation vous sera adressée quant à votre identité, le nombre de biens immobiliers que vous louez, et la nature de vos revenus fonciers. Plusieurs informations devront être fournies au sujet des propriétés, telles que la date d'achat, l'adresse ou encore les revenus et les charges qui en découlent.

Vos revenus fonciers sont alors calculés, et il vous reste à renseigner trois informations respectives telles que les revenus fonciers imposables (case 4BA), le déficit qu'il incombe à ceux-ci (ligne 4BB), et celui qu'il incombe au revenu global sur la base d'un seuil maximal de 10 700 euros (case 4BC).

Différents types de **dépenses** peuvent en effet être **déduits** de vos revenus fonciers, veillez ainsi à bien conserver tous les documents justifiants lesdites dépenses dans le cas d'un contrôle fiscal.

Voici comment cela fonctionne : vous disposez en premier lieu de votre revenu brut foncier, c'est-à-dire de la somme de vos loyers accumulés durant une année, et c'est ensuite que la déduction de certaines dépenses peut être effectuée. Bien entendu, si le bien immobilier n'est pas soumis à la TVA, les charges sont comprises TTC. Notez que les dépenses qui ne peuvent faire l'objet d'une déductibilité sont celles qui découlent de travaux de construction, de reconstruction ou d'agrandissement soit les modifications, agrandissements, reconstructions, démolitions portant sur le gros œuvre.

Les dépenses déductibles des loyers encaissés sont les suivantes :

- Les **travaux de réparation et d'entretien** : soit une remise en état pour un usage normal. Sachez que les réparations du bien loué incombent au locataire, engendrant l'impossibilité de déduire le coût de ces réparations des revenus fonciers du propriétaire. Néanmoins, dans le cas où ce dernier souhaite réaliser les travaux d'entretien à ses frais, leur coût peut alors être déduit des loyers perçus, en respectant deux cas de figure :

- Ils sont nécessaires pour résoudre une situation de vétusté des locaux

- Ils sont réalisés avant une mise sur le marché de la location, en vue de rendre plus aisée cette-dernière

- Les **travaux d'amélioration** : c'est-à-dire l'apport de confort. La déductibilité des coûts de ce type de travaux est placée sous condition que le bien concerné n'est pas un local à usage professionnel. Mais deux exceptions existent :

- L'annihilation des effets de l'amiante

- La mise en place d'un accueil plus aisé des personnes handicapées

- Les **provisions pour charges de copropriété** : les propriétaires de biens de copropriété doivent indiquer à la ligne 229 du formulaire 2044 la somme qu'ils ont acquittée l'année N-1 à leur syndic, et à la ligne 230 de ce-même formulaire la somme des charges de copropriétés liées à des échéances de l'année N-2.

- Les **frais de gestion**

- Les **cotisations d'assurance**, c'est-à-dire celles qui découlent de la garantie des loyers impayés (GLI), les primes d'assurance PNO (propriétaire non occupant), ainsi que celles concernant l'assurance habitation, les assurances d'emprunt, etc...

- Les **frais d'emprunts** tels que les intérêts d'un crédit immobilier, les frais de dossier, etc...

- Certaines **impositions et taxes**, notamment la taxe foncière

- Les **travaux pour les copropriétés** : comme pour les parties privatives, les dépenses portant sur l'entretien, la réparation et l'amélioration sont déductibles des loyers perçus.

Nous jugeons qu'il est important de noter que dans le cas où votre revenu brut foncier de l'année **ne dépasse pas 15 000 euros** et que vous optez pour la déclaration de ce-dernier au moyen du régime réel, ce choix est irrévocable pour une durée de **trois années**. C'est seulement une fois ce délai écoulé que vous pourrez profiter à nouveau du régime micro-foncier, ou du moins avoir la liberté de choisir entre les deux options. C'est pourquoi il est primordial, avant d'opter pour le régime réel, d'étudier vos frais sur les trois années à venir, qu'ils soient certains ou potentiels, afin de prévenir leur dépassement de 30% de vos revenus fonciers.

Micro-fonciers

Le régime fiscal nommé "micro-foncier" vous est attribué automatiquement dans le cas où votre revenu brut foncier, soit le montant hors charges des loyers de vos locations nues, est **inférieur ou égal à 15 000 euros** pour l'année concernée. Ce seuil s'applique au foyer fiscal, il prend alors en compte les recettes du contribuable, de son conjoint et des autres personnes à charge, s'il y en a. Notez que vous disposez toujours de la liberté de choisir le régime réel d'imposition, mais vous serez engagé à celui-ci pendant trois ans. Le régime micro-foncier est un mode d'imposition simplifié, ne permettant pas de déduire le coût des travaux que vous avez réalisés de votre revenu foncier, mais qui vous octroie un **abattement de 30%**, dont le résultat constitue le montant de vos revenus locatifs soumis à l'impôt.

Cet abattement de 30% permet au propriétaire de ne pas payer ce qu'il a dépensé et qui ne constitue pas, par définition, un bénéfice pour ses finances.

C'est le revenu brut qui est pris pour base du calcul, soit le revenu foncier de l'année d'imposition comprenant les charges que le propriétaire a supporté pour entretenir son bien.

Si vous avez peu de frais à déduire, le régime micro-foncier vous est favorable pour économiser sur vos impôts. Néanmoins, calculez le montant des frais déductibles qui incombent à vos biens en location, car si celui-ci dépasse les 30% de vos revenus bruts, il serait plus approprié de se diriger vers le régime réel lors de la déclaration de vos revenus fonciers.

Nous vous présentons ici les détails à savoir quant à la déclaration de revenus en elle-même. Dans un premier temps, sur la déclaration d'impôt n°2042, il vous faudra cocher la case "micro-foncier" si tel est votre choix, dans la catégorie des "revenus", et **le formulaire 2044 n'a pas à être rempli**. Vos salaires et traitements feront l'objet de l'étape qui suit, et vos revenus bruts résultant de vos loyers devront être renseignés dans la **case 4BE**. Enfin, des informations au sujet de vos biens vous seront demandées, notamment leur nombre, leur adresse ou encore l'identité de vos locataires. Grâce à l'abattement de 30% appliqué par l'administration fiscale, le calcul de l'impôt sur le revenu ne prend en compte que les 70% restants du revenu foncier. À la différence du régime réel, le régime micro-foncier ne peut mener à un déficit, il sera **toujours bénéficiaire**.

Pour certaines locations nues, il est cependant **impossible** de choisir le régime micro-foncier. Par exemple, les biens immobiliers auxquels sont appliqués un régime fiscal spécifique tel que Pinel ou Scellier, les biens situés sur un site historique ou les monuments historiques eux-mêmes font partie de ces exceptions.

Déficits fonciers

Dans le cas où les charges de vos biens en location sont supérieures à vos recettes, vous êtes en situation de déficit foncier. Néanmoins, vous pouvez bénéficier d'une **diminution du montant de votre impôt**, et plus précisément d'une **déduction du déficit foncier** dont vous souffrez. Cette diminution de la somme de votre impôt sur le revenu peut être effective uniquement si le **régime d'imposition au réel** vous est appliqué ou qu'il découle de votre choix, puisque le régime réel permet par définition de déclarer vos charges au réel afin d'obtenir leur déduction de vos revenus fonciers. Puisque l'autre régime d'imposition, le régime micro-foncier, n'implique pas de déclaration des charges, alors aucun déficit foncier ne peut être constitué. De plus, le mécanisme du déficit foncier s'applique à tous les biens immobiliers faisant l'objet d'une location nue et à titre d'habitation.

Pour connaître les **charges** qui peuvent faire l'objet d'une déduction de vos revenus fonciers, nous vous invitons à consulter notre propos qui traite de ce sujet, soit sous le sous-titre intitulé "Revenus fonciers : régime réel".

Il faut tout de même savoir qu'il est possible de déduire **jusqu'à 10 700 euros** de déficit foncier de vos revenus, voire 15 300 euros dans des situations spécifiques. Ainsi, lorsque votre déficit foncier dépasse le plafond autorisé, son **excédent** peut être déduit de manière segmentée de votre revenu global sur 6 ans ou de vos revenus fonciers sur 10 ans. À titre de rappel, le revenu global d'un individu comprend les revenus fonciers ainsi que les autres revenus tels que les salaires ou les prestations sociales, et le revenu foncier représente notamment les recettes qui résultent d'une location d'un bien nu.

Lorsque vous établissez le **calcul** de votre déficit foncier, il faut toujours soustraire dans un premier temps les frais des intérêts d'emprunts de vos revenus fonciers. Par exemple, si les loyers perçus constituent une somme de 6000 euros et que les intérêts qui découlent du prêt et les cotisations d'assurance s'élèvent à 2500 euros, le montant de votre revenu foncier est avant tout autre calcul de 5500 euros.

Vous pouvez désormais effectuer le calcul de votre déficit foncier grâce à la formule suivante : **revenus**

- charges. Le déficit qui vous sera accordé ne pourra pas, pour l'année actuelle, dépasser 10 700 euros, mais le montant qui excède ce seuil sera reporté durant les dix prochaines années sur vos revenus fonciers.

Profiter des avantages du déficit foncier implique tout de même une **condition** non-négligeable, celle de **louer obligatoirement** votre bien immobilier durant les **trois prochaines années** qui suivent ladite déduction, selon l'article 156-I-3 du Code Général des Impôts.

À quel type de profil le déficit foncier est-il le plus **avantageux** ?

À ceux ayant un déficit foncier important ! En effet, le système d'imposition français est le suivant : l'impôt sur le revenu est soumis à un barème composé de tranches marginales d'imposition (TMI), et plus la **TMI** d'un propriétaire est **élevée**, plus la défiscalisation le sera tout autant.

Voici un exemple pour faciliter la compréhension du réel avantage du déficit foncier.

Un individu dont le Revenu Net Global est de **30 000 euros** sera assujetti à une **TMI de 30%**, et paiera donc **2 921,95 euros d'impôt sur le revenu annuel**.

Cet individu, qui paie 2 921 euros d'IR, investit 200 000 euros dans l'immobilier et génère des loyers annuels de 9 600 euros.

- Abattement forfaitaire de 30% par le régime micro-foncier : 9600 x 70% = 6720 euros imposables.

- TMI de 30% : 6720 x 30% = 2016 euros.

- Prélèvements sociaux : 6720 x 17,20% = 1156 euros.

- IR avant l'investissement : 2 921 euros.

- IR après l'investissement : 2921 + 2016 + 1156 = **6 093 euros**.

Sans aucune optimisation fiscale, cet individu **passe de 2 921 euros d'impôt sur le revenu à 6 093 euros**.

La force de défiscalisation immobilière du déficit foncier va vous être présentée grâce à cet autre scénario. Notre individu investit désormais 200 000 euros en réalisant un **achat immobilier dans l'ancien ainsi que des travaux**. Après avoir encaissé ses loyers, un déficit maximum de 10 700 euros sera imputé à ses revenus fonciers.

Revenu Net Global Imposable (RNGI) : 30 000 euros (revenus – charges)

Déficit foncier : 10 700 euros

Nouveau RNGI : 30 000 - 10 700 = 19 300 euros

Calcul de la **TMI** (Tranche Marginale d'Imposition) : 19 300 euros = **11%**

Calcul du nouvel impôt sur le revenu : 1 930 (19 300 x 11%) - 900 = **1030 euros**

Économies réalisées sur l'IR grâce au déficit foncier = 6 093 - 1 030 = **5063 euros.**

Si notre individu n'avait pas choisi d'optimiser sa fiscalité par le biais d'un investissement immobilier astucieux, il aurait payé plus de 3100 euros (6093 - 2921) d'impôt supplémentaire par an. Néanmoins, son investissement dans l'ancien lui permet de profiter du mécanisme du **déficit foncier**, et de sa nouvelle TMI, lui permettant **d'économiser 5 063 euros sur l'impôt sur le revenu**, soit de ne pas payer 6 093 euros d'impôts, mais 1 030 euros. Son IR est même inférieur à son IR avant investissement immobilier, grâce à la **TMI de 11%** qui lui est désormais appliquée par son déficit foncier, en passant de 2 921 euros à 1 030 euros.

PARTIE 2

IMPOSITION DES REVENUS LOCATIFS EN LOCATION MEUBLÉE

Partie 2 –
Imposition des revenus locatifs en location meublee

La location nue s'oppose à la location meublée tout d'abord par leur nature mais également par la déclaration des revenus locatifs qui en résultent. La déclaration des revenus d'une location d'un **bien meublé** est réalisée grâce au formulaire **Cerfa N°2042-C PRO**, et ces revenus appartiennent à la catégorie "**BIC**", soit des "bénéfices industriels et commerciaux", et non des revenus fonciers comme c'est le cas des locations nues. Le propriétaire qui devra déclarer les recettes de ses locations meublées se verra face à deux régimes d'imposition : le régime réel, et le régime micro-BIC, le second étant un mode d'imposition simplifié pour les revenus locatifs situés sous le seuil de 72 600 euros par an.

Avant d'entrer dans le vif du sujet, éclairons ce qu'il est entendu par "location meublée". Une location qualifiée de "**meublée**" représente, selon le site impôts.gouv.fr, "la mise à disposition d'un local d'habitation garni de meubles lorsqu'il comporte tous les éléments mobiliers indispensables à une occupation normale par le locataire". Le décret n°2015-981 du 31 juillet 2015 encadre la **liste des**

meubles indispensables pour que la location d'un bien immobilier soit considérée comme meublée.

Il nous paraît également pertinent de vous informer des **exonérations** d'impôt possibles pour les locations meublées :

- Les **chambres d'hôtes** : vous louez au mois ou à la semaine des chambres d'hôtes et vos recettes ne dépassent pas 760 euros par an (sans compter les prestations de services supplémentaires).

- Une **partie** de votre **résidence principale** : vous louez une ou plusieurs pièces de votre résidence principale dans le cas où cette location constitue pour le locataire sa résidence **principale** ou bien sa résidence **temporaire**. Cette-dernière situation exige du locataire un contrat de travail saisonnier ou un CDD d'usage. L'exonération s'applique si vous respectez les **seuils de loyers** suivants : 142€ par an par mètre carré pour l'ensemble du territoire français, avec pour exception l'Île de France exigeant 192€ par an par mètre carré.

Micro-BIC

Pour une location meublée placée sous le régime d'imposition micro-BIC, un **abattement forfaitaire de 50%** sera simplement appliqué aux revenus tirés de cette location, afin qu'en résulte le montant imposable de vos recettes. La somme totale de vos revenus est facteur de votre taux d'imposition : on parle alors de taux marginal d'imposition (**TMI**).

Ce pourcentage d'aide dont la fonction est d'apporter main forte au propriétaire pour les charges immobilières qu'il a supportées s'élève à hauteur de **71%** s'il est classé **meublé de tourisme**, et cet abattement est applicable jusqu'à 176 200 euros de recettes par an.

Il est possible de choisir le régime d'imposition micro-bénéfices industriels et commerciaux, aussi appelé "régime forfaitaire", dans le cas où les loyers perçus charges comprises au cours d'une année **ne dépassent pas 72 600 euros**.

La déclaration de vos recettes est très simple grâce à ce régime, puisque vous n'avez qu'à renseigner ces-dernières lors de votre déclaration de revenus globale dans la catégorie "Bénéfices industriels et commerciaux". Rappelons que cette déclaration porte le numéro 2042 C PRO.

Le régime d'imposition forfaitaire est intéressant lorsque les **charges** du loueur ne dépassent pas 50% du loyer. En effet, par définition cette option implique qu'aucune déduction des charges n'est possible, puisque c'est un abattement forfaitaire qui est appliqué. Dans le cas contraire, il sera beaucoup plus pertinent d'opter pour le régime réel, afin de déduire vos charges et de diminuer votre impôt d'une façon adaptée à votre situation.

Régime réel

Le régime d'imposition au réel a pour intérêt de **déduire vos charges pour leur montant effectif**, soit avec précision et non plus au moyen d'un forfait plus ou moins pertinent. Pour profiter de la diminution d'impôt au moyen du régime réel, il est important de garder tous les **justificatifs** (factures, photos...) des dites charges au cas où l'administration fiscale procéderait à un contrôle. En effet, la location meublée implique de remplir obligatoirement la **déclaration n° 2033**, qui comporte un **bilan**, un tableau des amortissements et un relevé des provisions. Il peut être utile d'avoir recours à un comptable.

Voici un rappel des charges déductibles de votre impôt :

- Les travaux de réparation et d'entretien

- Les travaux d'amélioration

- Les provisions pour charges de copropriété

- Les frais de gestion

- Les cotisations d'assurance

- Les frais d'emprunts

- Certaines impositions et taxes

- Les travaux pour les copropriétés

Cette liste n'est qu'à titre indicatif, non-officiel pour les loueurs en meublé professionnel ou non professionnel. À contrario, c'est le cas pour ce qui concerne les revenus fonciers. Mais pour les LMNP et les LMP, les charges doivent simplement répondre à certaines **conditions** globales :

- Être exposées dans **l'intérêt de l'exploitation**

- Être **justifiées**

- Être prélevées dans **l'année** de la déclaration

À noter que si vos charges excèdent vos recettes, vous créez un déficit, qui est reportable durant dix ans sur les revenus découlant de la même activité pour un loueur en meublé non professionnel et pendant trois ans pour un loueur en meublé professionnel.

Le régime réel est appliqué au loueur en meublé automatiquement si ses recettes de location **dépassent 72 600 euros**, mais il est également possible d'en profiter, en faisant la **demande** auprès des impôts, si celles-ci sont **inférieures** à la somme énoncée.

Vous pouvez opter pour le régime réel au **début** de votre activité, en renseignant cette information lors de votre inscription auprès d'un centre des formalités des entreprises (nous vous détaillons ce point aux paragraphes respectifs "LMNP" et "LMP") mais également **au cours** de celle-ci, en adressant un courrier auprès de votre service des impôts des entreprises (SIE). Si vous n'émettez pas de demande pour jouir du régime micro-BIC, le régime réel s'applique de nouveau par défaut.

➢ Amortissements

Pour diminuer vos impôts en tant que LMNP ou LMP, et si vous optez pour le régime d'imposition **au réel**, il est possible de déduire des **amortissements** en plus de vos charges. Par amortissement, il est entendu une considération de la **perte de valeur d'un bien** en raison de son usage et du temps. Un loueur en meublé peut alors déduire l'amortissement du coût qu'il a subi à l'**achat de biens**, mais il faut que ceux-ci soient **enregistrés à l'actif de son bilan.**

Il est alors nécessaire pour la comptabilité, que les achats concernés aient été réalisés à la **date égale ou postérieure** du début de son **activité** immobilière, afin de détenir des factures éligibles à la déductibilité. Tous les amortissements doivent être **comptabilisés**, et être renseignés au sein de la déclaration fiscale, car même si une certaine quantité d'amortissements ne sont pas déduits, ils peuvent être **reportés** sur les années suivantes sans aucune limitation dans le temps.

Parmi les éléments qu'il est possible d'amortir, on compte généralement les travaux d'augmentation de la valeur du bien immobilier, ainsi que le mobilier acheté ayant pour fonction de meubler ce-dernier. On parle ainsi "d'amortissement" lorsque les dépenses prises en compte augmentent la valeur du logement loué.

L'application des amortissements répond à une loi de composants, autrement dit, la nature, l'usage et la durée normale d'utilisation du bien conditionne sa valeur et sa durée d'amortissement. L'administration fiscale juge néanmoins que le terrain, qui représente un "composant", ne peut être amorti car la valeur de celui-ci ne diminue pas dans le temps. Pour le **mobilier**, l'amortissement s'établit généralement sur **dix ans**, tandis que les **travaux**, comme le rafraîchissement de la peinture ou la mise en place d'un parquet, impliquent, selon leur nature, entre 5 ans minimum à **20 ans** maximum d'amortissement.

Enfin, le montant déductible en termes d'amortissements ne peut produire de déficit, c'est-à-dire qu'ils ne peuvent être plus grands que le résultat découlant de l'équation suivante : le total des loyers – les autres charges qu'il incombe à ces locations. Cependant, s'il s'avère que votre résultat est déficitaire, alors il est possible de **reporter** les amortissements concernés lors de prochains exercices, sans aucune limite de durée.

Règles pour entrer dans le régime Meublé

Il existe plusieurs règles à suivre pour que votre location soit éligible au régime meublé, particulièrement celle de **l'immatriculation** du propriétaire auprès d'un centre de formalités des entreprises (**CFE**), et ces règles prennent place dans un cadre régissant deux types de loueur : le loueur en meublé non professionnel, et le loueur en meublé professionnel. Nous vous expliquerons de manière détaillée ce qu'il faut connaître à ce sujet.

Sachez également que c'est l'adresse de votre résidence principale ou celle de la location qui vous apporte le plus de revenus qui conditionne le service des impôts (SIE) qui est chargé de s'occuper de votre cas.

LMNP

Un propriétaire est considéré comme loueur en meublé non professionnel dans le cas où ses recettes sont **inférieures à 23 000 euros par an**, ou qu'elles constituent une **somme inférieure à la moitié de ses revenus globaux**. Dès lors que la somme est inférieure à 23 000 euros mais qu'elle représente plus de la moitié de ces revenus, il est considéré comme un loueur en meublé professionnel (LMP), dont nous expliquons plus clairement les traits et les conditions plus bas dans nos propos.

Notons que le loueur en meublé non professionnel n'est **pas redevable des cotisations sociales**, sauf en ce qui concerne les locations saisonnières, qui n'engendre aucune redevabilité au sujet des prélèvements sociaux mais les cotisations sociales sont toujours dues. Dans tous les cas, une location saisonnière générant plus de 23 000 euros est considérée comme une activité professionnelle (LMP).

Aucun plafond de loyer ou de ressources envers le locataire n'est requis par l'acquisition de ce statut, mais celui-ci est tout de même régi par les **règles sur les loyers fixées par la ville**. De plus, il est possible de louer plusieurs biens et de ne pas subir un plafonnement des niches fiscales.

Pour un logement en LMNP, certains **critères de décence** doivent être respectés, tels que :

-   Le bien doit représenter une **superficie** minimale de 9m2, et la hauteur sous plafond doit être de 2,20 minimum.

- La loi n°2015-992 du 17 août 2015 encadre les critères de **performance énergétique** minimales des biens immobiliers.

Le loueur en meublé non professionnel devra s'inscrire auprès du **greffe du Tribunal de commerce** dont dépend le bien que vous désirez mettre en location. Si vous louez plusieurs biens meublés, c'est la location qui génère le plus de recettes qui est facteur du greffe du Tribunal impliqué. Cette démarche s'effectue **en ligne**, sur le site de la Direction générale des entreprises via le formulaire n° Cerfa 11921 et ce dans un délai de **15 jours à partir du début de la location** du bien concerné. Vous obtiendrez ainsi un numéro de **SIRET** et ce sera également l'occasion d'informer le centre du **régime d'imposition** que vous avez choisi.

Enfin, le statut de loueur en meublé non professionnel permet de profiter de la loi **Censi-Bouvard**, un dispositif très avantageux pour la fiscalité. La lecture sera plus commode par un report de nos propos au sein de la partie dédiée nommée "Exploiter les niches fiscales immobilières françaises".

LMP

Le caractère "professionnel" est appliqué à l'activité du propriétaire d'un bien meublé dans le cas où il remplit **deux conditions**, tel que le stipule l'article 155 IV du CGI, à savoir :

- L'activité de location génère **plus de 23 000 euros** de recettes par an pour l'ensemble des membres du foyer fiscal

- Les **revenus du foyer fiscal** imposés à l'impôt sur le revenu sont **inférieurs** à ces recettes

Il faut savoir qu'à la différence du loueur en meublé non professionnel (LMNP) le loueur en meublé professionnel (LMP) doit payer des **cotisations sociales**.

Le loueur en meublé professionnel doit également **s'immatriculer** auprès d'un centre de formalités des entreprises (**CFE**). Il y a deux situations possibles :

- L'activité de location comprend des **prestations de services**. Dans ce cas, le propriétaire doit s'inscrire auprès d'un **CFE des chambres de commerce et d'industrie**.

- L'activité de location ne comprend pas de prestations de services. Le propriétaire s'inscrit alors auprès d'un **CFE de l'Urssaf**.

Lorsque le propriétaire détient le statut LMP, les **déficits** sont déduits du revenu global **sans limitation de montant pendant trois ans** (une déduction d'un tiers est établie chaque année), à condition que le loueur garde son statut de LMP durant ces trois années. Bien entendu, l'article 39 C du CGI indique que les amortissements ne sont pas pris en compte dans le calcul du déficit foncier en LMP.

PARTIE 3

IMPOSITION DES PLUS-VALUES IMMOBILIÈRES

PARTIE 3 –
IMPOSITION DES PLUS-VALUES IMMOBILIERES

Cette partie concerne les plus-values immobilières et à l'imposition qui leur incombe. La notion de plus-value immobilière prend place dans le cadre d'une vente ou d'une cession d'un bien immobilier, c'est la somme qui résulte de la différence entre le prix de d'achat du bien et son prix de revente, dans le cas où elle est **positive**. Si le résultat de l'équation est négatif, on parle alors de "moins-value". Mais notre sujet porte plus précisément sur l'imposition qu'un vendeur supporte lorsqu'il réalise une **plus-value sur sa vente.**

L'imposition des plus-values immobilières concerne les **situations** suivantes :

- Vente d'un bien immobilier, que ce soit une maison, un appartement ou un terrain
- Vente des droits rattachés à un bien immobilier (usufruit, servitudes...)
- Vente par le biais d'une SCI non soumise à l'IS (impôt sur les sociétés) ou via un fonds de placement dans l'immobilier
- Échange de biens, partage ou apport en société

Les résidences principales sont exonérées en totalité de l'impôt sur les plus-values immobilières. Ce-dernier est alors appliqué aux résidences secondaires, aux biens en location, aux logements vacants, aux biens à usage commercial, aux terrains et aux parts de SCPI.

Le **taux d'imposition** sur le revenu de la plus-value immobilière **nette** s'élève à **19%**, en plus des prélèvements sociaux au taux de **17,2%**. Au total, l'imposition constitue un taux de **36,20%**.

Sachez que c'est le **notaire** qui établit :

- Les démarches auprès du service des impôts ;
- Le calcul de la plus-value imposable et du montant de l'impôt ;
- La déclaration de plus-value grâce au formulaire n°2048-IMM ;
- Le paiement de l'impôt.

Vous avez néanmoins pour devoir de **renseigner** la somme de la plus-value déclarée par le notaire sur la **déclaration de revenus complémentaire**, soit le formulaire n°2042 C. Il est également obligatoire d'indiquer sur cette déclaration le montant de la plus-value exonérée si elle porte sur une première cession d'un logement qui n'est pas votre résidence principale.

Calculer la plus-value imposable : les différentes situations

Pour calculer la plus-value qui vous est imposable, il est important de réunir 3 éléments fondamentaux :

- Le **prix de vente** stipulé dans l'acte de vente. Il est possible d'en déduire les frais de cession comme les diagnostics réglementaires, la TVA, ou encore la commission de votre agent immobilier.

- Le **prix d'acquisition** dont la somme est retenue sur l'acte de vente d'origine. Ce prix retient les frais tels que les droits de cession ou les frais de notaires. Une majoration forfaitaire de 7,5% est alors appliquée au prix d'achat, à moins d'être en mesure de justifier lesdits frais au moyen de factures.

- Les **travaux** effectués peuvent être ajoutés au prix d'acquisition, sur la base des factures de ceux-ci si le bien a été acheté il y a moins de cinq ans, ou grâce à une majoration forfaitaire de 15% du prix d'achat.

Une fois que nous détenons le prix de vente modifié ainsi que le prix d'achat modifié, un **abattement** s'applique suivant la **durée de détention du bien immobilier**, avant de pouvoir appliquer la base d'imposition à la plus-value immobilière.

À partir de la **sixième année** de détention de bien immobilier, vous pouvez compter un **abattement** d'impôt sur le revenu à hauteur de **6% par an**, et ce jusqu'à **21 ans**. La 22ème année de propriété vous octroie 4% supplémentaires d'abattement, soit un pourcentage de **100%**.

Il vous restera néanmoins **17,2% de prélèvements sociaux** imposables sur votre plus-value, jusqu'à **30 ans** de détention du bien immobilier. Mais pour rester précis, un abattement est également appliqué aux prélèvements sociaux à partir de la sixième année de détention du bien, à hauteur de 1,65% par an jusqu'à 30 ans.

Ensuite, vous êtes totalement exonéré d'impôt sur la plus-value, mais les exonérations nécessitent un développement plus précis, c'est ce que nous vous présentons un peu plus loin dans nos propos.

Pour mettre un point d'honneur à notre précision sur le sujet des abattements, il faut ajouter qu'il existe un **abattement exceptionnel de 70%** s'applique sur l'imposition de la plus-value si la cession répond à l'une de ces figures :

- Le bien immobilier est situé dans une zone géographique recouvrant une **opération d'urbanisme** conséquente ou une **opération de revitalisation du territoire.** Il est cependant nécessaire que la promesse de vente soit signée entre le 1er janvier 2021 et le 31 décembre 2023.

- Le bien immobilier se situe en **"zone tendue",** soit en zones A ou A bis. La vente ne pourra, néanmoins, dépasser la date légale fixée au 31 décembre 2022.

Cependant, dans les deux cas :

➢ L'acheteur s'engage à **démolir** les constructions présentes afin de **reconstruire** des **bâtiments d'habitation collectifs.**

➢ La durée de détention du bien en question conditionne l'abattement appliqué à la plus-value.

➢ Si des liens familiaux existent entre le vendeur et l'acheteur, l'abattement ne peut avoir lieu.

➢ Si la surface complète des constructions est constituée à 50% minimum de logements sociaux, l'abattement peut s'élever à hauteur de **85%**.

➢ À partir de la date d'achat du bien, les **travaux** de construction doivent être effectués sous **4 ans au maximum**.

Bien qu'il existe des abattements, il faut savoir qu'une **surtaxe** sur les plus-values **supérieures à 50 000 euros**, comprise entre **2 et 6%**, peut s'appliquer à la somme totale de la plus-value soumise à l'impôt, soit après abattement pour durée de détention. Si plusieurs cédants sont concernés, le seuil de 50 000 euros est pris en compte individuellement.

Résumons le calcul de la plus-value imposable :

1. Vous détenez le **prix de vente** net de votre bien, en prenant en compte la déductibilité des frais éligible à celle-ci : 200 000 – 15 000 = **185 000 euros.**

2. Avec application du forfait majoritaire de 7,5% et du forfait travaux de 15%, votre **prix d'acquisition** est le suivant : 120 000 + 7,5% + 15% = **147 000 euros.**

3. La **plus-value imposable** s'élève à hauteur de **38 000 euros**.

4. Ayant détenu le bien immobilier **pendant 18 ans**, vous bénéficiez d'un **abattement** de 78% sur l'IR, c'est-à-dire 38 000 x 78% soit 29 640 euros. Vous déclarez un **revenu de 8360 euros** (38 000 – 29 640). Un abattement de 21,45% sur les prélèvements sociaux, c'est-à-dire 38 000 x 21,45% soit 8151 euros est également appliqué à votre plus-value. Vous déclarez un **revenu de 29 849 euros** afin de payer les prélèvements sociaux.

5. Avec un taux d'imposition de 19% pour l'IR, la somme taxable s'élève à 5631 euros (29 640 x 19%), additionnée à la base taxable de 5134 euros (29 849 x 17,2%) pour les prélèvements sociaux. Au total, **l'imposition de votre plus-value s'élève à 10 765 euros**.

Exonération de plus-values

Pour optimiser votre fiscalité, il serait absurde d'ignorer les exonérations auxquelles vous êtes éligible. Il existe trois catégories principales d'exonération, la première étant liée au bien immobilier, la seconde à l'acheteur, et la troisième au vendeur.

Si vous vous trouvez dans l'une des situations suivantes, vous êtes exonéré de l'impôt sur les plus-values immobilières :

➤ Exonérations : bien immobilier vendu

- La vente concerne votre résidence principale et/ou des dépendances (article 150 U-1 et 3 du CGI)

- La vente d'un logement n'étant pas votre résidence principale mais le prix de la vente est utilisé pour acheter ou construire votre logement principal, et ce dans un délai de deux ans à compter de la cession (article 150 U II-, 1° bis, al. 2 - in limine, du CGI). La condition supplémentaire étant de ne pas avoir été propriétaire de votre résidence principale précédente lors des quatre dernières années (article 150 U II, 1° bis du CGI).

- La vente d'un bien immobilier dont le prix de vente ne dépasse pas 15 000 euros, pour une personne, et 30 000 euros pour un couple marié sous la communauté (article 150 U II-6 du CGI).

- Le bien a été détenu depuis 30 ans au minimum.

- Le bien immobilier a été échangé dans le cadre de certaines opérations de remembrement (article 150 U II-5 du CGI).

➢ Exonérations : acheteur

- La vente d'un bien résultant de son expropriation sous condition de remploi de l'indemnité par l'acquisition ou la construction d'un ou plusieurs immeubles, et ce sous 12 mois (article 150 U II-4 du CGI).

- La vente d'un bien résultant de l'exercice d'un individu de son droit de délaissement sous certaines conditions et sous réserve de remploi du prix de vente par l'achat, la construction, la reconstruction ou l'agrandissement, sous 12 mois, d'un ou plusieurs immeubles (article 150 U II-4 du CGI).

Jusqu'au 31 décembre 2022 :

- La vente d'un bien à un organisme gérant du logement social.

- La vente d'un bien à un opérateur privé qui, sous 4 ans, s'engage à effectuer ou finaliser des logements à caractère social.

➢ Exonérations : vendeur

- En tant que personne âgée ou handicapée, résidant depuis moins de deux ans dans un centre d'hébergement spécialisé, vous êtes exonéré de l'impôt sur les plus-values immobilières si vous cédez votre ancienne résidence principale. Cependant, vous ne devez pas être soumis à l'IFI et votre revenu ne peut excéder 25 839 euros pour la première part du quotient familial en N-2 pour une vente en N-0 (article 150 U II-1°ter du CGI).

- Durant les quatre années précédant la cession, vous n'avez pas été propriétaire de votre résidence principale. L'argent résultant de la vente doit néanmoins être utilisé, dans un délai de deux ans, pour acheter ou construire votre résidence principale.

- Vous ne résidez pas en France, donc vous êtes soumis à un régime d'imposition particulier.

- Vous disposez d'une carte mobilité inclusion (CMI) ou/et vous touchez une pension de vieillesse, et la première part de votre quotient familial n'excède pas 11 098 euros (article 150 U III du CGI).

Les moins-values

Comme son nom l'indique, une moins-value immobilière signifie qu'aucun bénéfice n'est réalisé lors de la vente d'un bien immobilier, et plus véridiquement des pertes sont engendrées par la vente constituant un prix inférieur au prix d'achat.

C'est alors la soustraction du prix d'achat au prix de vente qui permet de vérifier la présence d'une moins-value.

Pour les loueurs particuliers, la moins-value subie ne peut être déduite des impôts, selon l'article 150 VD du Code Général des Impôts. Néanmoins, il est possible de reporter cette moins-value sur les potentielles plus-values que vous pourriez bénéficier lors des 10 prochaines années. Si, lors de la même année, vous avez réalisé des moins-values mais également des plus-values, les premières sont imputables aux secondes de même nature.

Pour les loueurs professionnels, des précisions s'ajoutent. C'est la durée d'inscription du bien immobilier qui détermine le régime fiscal assigné aux moins-values considérées. Une moins-value est dite de "court terme" lorsqu'elle concerne des biens immobiliers dont l'activité a débuté il y a moins de deux ans, et de "long terme" lorsque cela fait plus de deux ans. Pour les moins values à long terme, c'est la règle d'imputation de celles-ci sur les dix années suivantes qui s'applique, mais les moins-values à court-terme répondent à deux cas de figure :

- Le professionnel est soumis au régime de l'impôt sur le revenu, donc les moins-values sont imputées sur le revenu global, et sont reportables sur six années.

- Le professionnel est soumis au régime de l'impôt sur les sociétés, ainsi les moins-values peuvent-être reportées sur les plus-values des années passées et des années suivantes, sans durée limitée.

C'est le formulaire n°2074 qui permet, autant pour les particuliers que pour les professionnels, de déclarer et de gérer les moins-values immobilières.

PARTIE 4

IMPOSITION DES REVENUS IMMOBILIERS ÉTRANGERS

PARTIE 4 –
IMPOSITION DES REVENUS IMMOBILIERS ETRANGERS

Que vous soyez résident en France ou à l'étranger, l'assignation du régime d'imposition et la catégorisation de vos revenus locatifs répondent aux mêmes règles que nous avons développées plus tôt dans nos propos. Par exemple, si vous louez des biens immobiliers non meublés, les revenus qui en découlent appartiennent à la catégorie des revenus fonciers. Dans le cas d'une location meublée, c'est la catégorie des bénéfices industriels et commerciaux qui régit vos revenus.

À noter que tous les revenus de nature immobilière qui proviennent du territoire français sont soumis aux prélèvements sociaux même aux résidents étrangers, ainsi qu'à un prélèvement de solidarité de 7,5%. Vous serez tout de même exonéré de CSG et de CRDS si vous êtes affilié à un régime obligatoire de sécurité sociale d'un pays de l'EEE, du Royaume-Uni ou de la Suisse. Des revenus sont considérés comme étrangers s'ils proviennent d'autres pays que la France Métropolitaine et les Dom-Tom.

De plus, les revenus immobiliers étrangers, que le bailleur réside en France ou à l'étranger, sont éligibles au prélèvement à la source (PAS).

Pour déclarer vos revenus, il faudra remplir le formulaire n°2042 pour les revenus courants, le formulaire n°2044 portant sur les revenus fonciers en cas d'imposition au réel, ainsi que d'autres déclarations telles que le formulaire 2047 qui porte sur les revenus encaissés à l'étranger. Certains documents justificatifs peuvent vous être demandés, c'est pourquoi vous devez les conserver pendant 3 ans minimum.

Avant toute déclaration, sachant que vous êtes investisseur immobilier à l'étranger, il est vivement recommandé de vérifier l'existence d'une convention fiscale qui viendrait encadrer avec plus de précisions vos devoirs déclaratifs.

Le fonctionnement des conventions fiscales

Pour éviter une double imposition des revenus, des pays ont signé en commun des conventions régissant la fiscalité des personnes générant des revenus dans différents pays. Ainsi, si vous résidez fiscalement en France et qu'aucune convention n'a été établie avec le pays dans lequel vous produisez d'autres revenus, alors l'entièreté de vos revenus sont imposables en France même si vous avez déjà subi une imposition dans le pays concerné. Si vous n'êtes pas résident fiscal français, alors uniquement vos revenus dont l'origine est française sera imposable en France.

Consultez la liste des conventions fiscales conclues par la France via le site internet du Bulletin Officiel des Finances Publiques – Impôts : https://bofip.impots.gouv.fr/bofip/2509-PGP.html/identifiant=BOI-ANNX-000306-20180307

Résident français avec immobilier en France et à l'étranger

Tout d'abord, une personne est dite "résident français" lorsque celle-ci :

- Séjourne en France depuis plus de six mois lors de l'année,

- Y exerce son activité principale,

- Réalise ses principaux investissements en France.

En tant que résident fiscal français, vous devez obligatoirement déclarer tous vos revenus, car même si une partie d'entre eux ne sont pas imposables notamment grâce à une convention fiscale, ils seront inclus dans le calcul des revenus.

Les biens immobiliers situés à l'étranger d'un résident français qui ne génèrent pas de revenus ne nécessitent pas de déclaration aux impôts. Néanmoins, sachez que si la valeur de son patrimoine immobilier est supérieure à 1,3 million d'euros, alors il devra renseigner la déclaration d'impôt sur la fortune immobilière (IFI), sur laquelle le propriétaire est tenu d'indiquer les biens immobiliers qu'il détient à l'étranger.

Résident étranger avec immobilier en France et à l'étranger

Si vous n'êtes pas résident en France mais que vous constituez des revenus dont l'origine est française, vous êtes soumis à l'impôt sur le revenu. La première chose à savoir en tant que résident étranger qui investit dans l'immobilier en France est que celui-ci ne pourra être bénéficiaire des avantages fiscaux, tels que la loi Denormandie par exemple. Dans le cas où vous déménagez et que vous devenez résident à l'étranger, vous ne pourrez plus profiter d'une défiscalisation et ce à partir du moment où la déclaration d'impôts sur le revenu de votre année de départ sera réalisée.

En résidant à l'étranger, vos droits et vos biens immobiliers situés en France sont catégorisés par les impôts comme revenus fonciers ou bénéfices industriels et commerciaux (BIC). De plus, c'est la situation géographique de vos biens qui conditionne le service des impôts gestionnaire de votre dossier.

Même si vous payez des impôts en France, pensez à vous renseigner quant aux déclarations et aux paiements qui vous incombent dans votre lieu de résidence.

PARTIE 5

L'INVESTISSEMENT EN SCI

Partie 5 –
L'investissement en SCI

Vous pouvez devenir propriétaire d'un bien immobilier de différentes façons, et l'achat à travers une société civile immobilière (SCI) est l'une d'entre elles, et s'oppose d'ailleurs à l'acquisition en direct (nommée "détention propre"). Une SCI permet en effet d'acquérir un bien immobilier au nom de celle-ci et dispose comme vous vous en doutez de nombreux avantages. Si vous vous tournez vers cette option, il faut savoir que la création d'une SCI nécessite au minimum deux associés. En effet, c'est la société qui est propriétaire du patrimoine, et celui-ci est détenu par les associés proportionnellement à leur apport personnel. Nous pouvons alors affirmer que la création d'une société civile immobilière est le moyen de mutualiser les investissements personnels d'un ensemble de personnes ainsi que les coûts qui résultent de la gestion du bien immobilier en question.

Il existe plusieurs formes de SCI :

- La SCI familiale : un achat entre plusieurs membres de la famille est réalisé, ceux-ci étant mariés, pacsés, ou bien liés par des relations filiales. La SCI peut être intéressante en famille car, à l'inverse de l'indivision, la gestion peut perdurer même s'il y a une mésentente ou un conflit.

- La SCI en concubinage : la société civile immobilière représente une solution très pertinente pour acheter un bien à plusieurs sans être pour autant mariés, et ainsi en vue de constituer une prévention en cas de décès, puisque la SCI permet à l'autre associé survivant de toujours être en mesure de profiter du bien immobilier par le choix entre trois options au moment de la rédaction des statuts de la SCI :

  • L'associé survivant devient propriétaire de l'ensemble des parts sociales, à condition que le bien ne représente pas une valeur supérieure à 76 000 euros. On parle alors de tontine.

  • Les héritiers de l'associé décédé deviennent propriétaire de l'ensemble des parts sociales mais le concubin est toujours en droit de résider dans le bien immobilier. Les parts peuvent néanmoins être rachetées par celui-ci, et de nouveaux associés peuvent être ajoutés à la société. L'option est nommée "l'agrément".

- Dans le cas de ce qui est nommé le "démembrement immobilier croisé", l'associé survivant se voit récupérer l'entièreté de l'usufruit et la moitié de la nue-propriété. Ici, les héritiers sont exclus de l'usufruit.

- La SCI d'attribution : un immeuble est construit et c'est ensuite que les parts sont attribuées aux associés.

- La SCI construction-vente : elle porte sur la promotion immobilière.

Pour créer une société civile immobilière, il est nécessaire de respecter un certain nombre de formalités, et nous vous les exposons ici.

Une fois que vous avez déterminé le type de SCI qui répond à vos besoins, vous devrez déterminer son siège social, et le choix s'effectue entre l'adresse personnelle du gérant de la société ou d'un associé, l'adresse du bien sur lequel porte la SCI, l'adresse d'une entreprise de domiciliation, ou celle d'un local commercial.

La rédaction des statuts de votre SCI constitue alors l'étape suivante de la création. Vous pouvez la réaliser par vous-même ou faire appel à un notaire ou un expert-comptable. Ces documents regroupent notamment l'objet social de la société, le montant du capital social ou encore les coordonnées des associés.

Naturellement, les apports devront ensuite être effectués afin de délimiter les parts de chaque associé dans le capital social. C'est ensuite que toutes les parties sont en mesure de signer les statuts de la SCI.

Il est également obligatoire de nommer le gérant de cette-dernière, soit le représentant légal de celle-ci, qui peut autant être une personne physique qu'une personne morale.

L'étape qui suit porte sur la publication d'un avis de constitution dans un Journal d'Annonces Légales (JAL) du département de l'adresse du siège social de la société. Il est également possible de réaliser cette publication en ligne, sur un support habilité (SHAL).

Enfin, vous devrez déposer un dossier de demande d'immatriculation de la SCI auprès du greffe du Tribunal de commerce compétent tout en déclarant les personnes qui détiennent plus de 25% des parts sociales. Le dossier doit être composé du formulaire cerfa M0 complété et signé, d'un exemplaire des statuts de la SCI signés et datés, de l'avis de publication dans le JAL, d'un justificatif de domicile, d'un acte de nomination du gérant et d'une copie de la carte d'identité de celui-ci et des associés. Il est tout à fait possible de déposer le dossier d'immatriculation au Centre de Formalités des Entreprises compétent.

La société civile immobilière est très intéressante dans plusieurs cas, elle permet de :

- Conserver un bien immobilier important pour la famille notamment lors des successions même lorsqu'un des membres de celle-ci n'est pas d'accord

- Réaliser un achat immobilier à plusieurs

- Réduire les droits de donation et transmettre un bien à son enfant

La solution de la société civile immobilière est très attractive en termes de fiscalité, puisqu'elle permet notamment de déduire le coût des travaux, des intérêts d'emprunts, elle est éligible au déficit foncier, aux dispositifs tels que Pinel ou Denormandie, peut être imposable à l'impôt sur les sociétés, etc... La facilité de la gestion du patrimoine est tout autant remarquable puisqu'un individu s'occupe quotidiennement de celui-ci et les parts sociales peuvent être cédées de manière privée. Il est également intéressant de noter que le patrimoine personnel, c'est-à-dire détenu en direct, est dissocié du patrimoine professionnel, soit des SCI à l'IS. En outre, l'investissement en SCI offre une cession des parts sociales facilitée au moment de la succession.

Enfin, bien que chaque associé soit responsable de la SCI -en proportion de leurs parts sociales- et ainsi des dettes qui peuvent en résulter, leur patrimoine personnel est protégé des autres associés. Les avantages de la SCI sont donc nombreux et ce type d'investissement répond à de nombreuses problématiques dont d'innombrables ménages ont dû faire les frais...

Il est important d'être conscient que si vous faites le choix de la SCI notamment en raison d'importants revenus qui seront par conséquent imposables à l'impôt sur les sociétés, vous perdez les avantages de certains dispositifs fiscaux -tel que le déficit foncier- sur vos revenus personnels. Les prêts immobiliers représentent également un élément presque intouchable par les SCI.

Et avant cela, nous devons vous avertir que la création d'une société civile immobilière n'est pas gratuite en raison des formalités à suivre telles que l'enregistrement dont les droits se situent entre 1500 et 3000 euros, en fonction des statuts de la société ou encore de son code d'activité. Il est plus que conseillé d'avoir recours à un notaire pour constituer une société en cohérence avec votre projet et votre profil. À ces coûts s'ajoutent ceux de la comptabilité, qui dans certains cas sont plus que nécessaires pour éviter des erreurs engendrant parfois des conséquences plus que dérangeantes. En effet, un comptable peut parfois être requis.

De plus, la SCI impose une grande rigueur, un engagement particulier et de lourdes formalités. En effet, ces-dernières ont été exposées plus tôt, mais il faudra également tenir une comptabilité exigeante et se rendre disponible à l'assemblée générale qui se déroule chaque année. Sans compter que les dettes potentielles de la SCI peuvent engendrer des répercussions sur votre patrimoine, proportionnellement à vos parts dans le capital de la société.

La fiscalité en SCI à l'IR

En investissant par le biais d'une société civile immobilière sans prendre l'option de la fiscalité à l'impôt sur les sociétés, ce sont alors les règles des revenus fonciers qui s'appliquent à la SCI. Pour en savoir plus, nous vous invitons à consulter nos propos développés plus tôt, dédiés précisément à ce sujet. Chaque associé est imposé à titre personnel à l'impôt sur le revenu et leurs revenus appartiennent à la catégorie des capitaux mobiliers. Dans l'imposition des revenus fonciers, il faut bien évidemment compter les prélèvements sociaux à hauteur de 17,2%. À noter également que les frais d'acquisition des biens immobiliers ne sont pas déductibles fiscalement pour les SCI à l'IR.

La fiscalité à l'IS

Vous avez tout de même le choix de créer une SCI en l'imposant à l'impôt sur les sociétés (IS), ce qui signifie concrètement que votre société sera soumise à l'IS comme une société commerciale, et non à l'IR comme un agent particulier. Votre société sera alors directement imposée, et ce uniquement lorsqu'un bénéfice vous sera attribué. Une SCI à l'IS se voit également encadrée par les règles des plus-values professionnelles, et plus précisément par celles des plus-values sur valeurs mobilières en cas de cession des parts d'un associé. Enfin, les frais d'acquisition des biens immobiliers sont déductibles du résultat imposable.

Avantages et inconvénients de la SCI vus sous l'angle fiscal

+	–
Investissement à plusieurs	Perte de certains avantages fiscaux sur les revenus personnels
Avantages fiscaux	Grande difficulté avec les prêts immobiliers
Avantages patrimoniaux	Aucune vocation commerciale
Organisation pour les différents patrimoines	Beaucoup de formalités
Imposition possible à l'IS	Chaque associé est responsable
Assurance en cas de décès pour les concubins	
Dépersonnalisation de la relation bailleur - locataire	

PARTIE 6

POUR LES PROFESSIONNELS ET SOCIÉTÉS

PARTIE 6 –
POUR LES PROFESSIONNELS ET SOCIETES

Les professionnels et les sociétés sont en droit d'acquérir tout type de bien immobilier, mais la déductibilité des charges est conditionnée par leur lien avec l'activité de l'entreprise. En effet, pour une société qui acquiert ou fait construire un bien immobilier, ce sont les mêmes frais que pour un particulier qui sont engendrés, mais c'est le titre de "professionnel" qui permet la déduction des frais comme les droits d'enregistrement, la TVA, le recours à un architecte ainsi qu'à un notaire.

Un achat immobilier au nom de la société permet d'optimiser sa fiscalité, soit de diminuer son impôt grâce à la déduction des frais d'acquisition du bien et de ses charges, induisant la comptabilisation des amortissements. De plus, aucun paiement de loyer ne sera requis si le professionnel achète le bien au nom de sa société et si bien sûr, ce bien a une fonction d'usage pour son activité.

L'acquisition de biens immobiliers pour les professionnels revêt beaucoup d'intérêts, la première étant de ne plus verser de loyers à un bailleur, mais également de se constituer un patrimoine immobilier. En effet, votre succession est d'ailleurs solidifiée puisque le choix est laissé à vos héritiers de poursuivre votre activité ou non, tout en disposant de biens immobiliers. Cela revêt également un certain avantage dans la diversification de vos activités, l'une étant liée à votre métier, l'autre portant sur l'immobilier, permettant d'ailleurs de vous créer une autre source de revenu.

Pour les professionnels, il existe plusieurs moyens pour investir dans l'immobilier. On compte :

- Le rachat des locaux actuellement occupés par votre société

- L'achat de locaux en vue d'une location à d'autres entreprises

- L'achat de biens immobiliers à usage personnel tel que la résidence

Il est possible de financer le projet grâce aux liquidités de l'entreprise ou au moyen d'un prêt, qu'il est possible de compléter par des fonds personnels. Notons que la déduction des intérêts d'emprunt est effective.

Il faut tout de même être conscient de certains inconvénients potentiels, le premier étant l'inscription du bien à l'actif de la société, la conséquence étant la mise en gage de celui-ci dans le cas d'une dégradation économique de l'activité.

De plus, par une telle acquisition, la valeur de l'entreprise est plus grande, rendant plus sensible et difficile le processus de cession de celle-ci.

Les plus-values professionnelles

Les plus-values immobilières professionnelles peuvent éclore dans de nombreux cas, tels que la vente d'un bien, la cessation d'une activité, une cession de l'entreprise, des apports, etc... La revente d'un bien immobilier par une société implique en effet l'imposition de la plus-value, et cet impôt est conditionné par la nature du bien cédé, le régime d'imposition de la société concernée par la vente et la durée de détention du bien. Nous avons consacré un développement complet à ce sujet plus haut dans nos propos, et nous vous invitons à le consulter pour obtenir plus de détails sur le sujet.

➤ Sociétés soumises à l'IR

Pour les entreprises soumises à l'impôt sur le revenu, seuls les biens liés à l'activité professionnelle sont concernés par le régime des plus-values professionnelles. Dans notre cas l'impôt répond à un taux de 19%, en plus des prélèvements sociaux à hauteur de 17,2%.

Les articles 151 septies et 151 septies B du Code Général des Impôts viennent tout de même encadrer une certaine exonération pour les plus-values immobilières réalisées par les entreprises mais également par les loueurs en meublé professionnel. Voici les conditions qu'il faut respecter pour pouvoir en profiter :

-   Pendant cinq ans, vous avez exercé à titre professionnel une activité commerciale, industrielle, libérale, artisanale ou agricole ;

-   Il ne faut pas avoir dépassé une certaine limite de recettes annuelles, soit 90 000 euros hors taxes pour les activités de prestations de services et 250 000 euros hors taxes si votre activité concerne la vente et la fourniture de biens immobiliers.

À noter que vous bénéficiez d'une exonération partielle lorsque vos recettes sont comprises entre 250 000 euros HT et 350 000 euros HT pour les activités de vente et fourniture de logements, et entre 90 000 euros HT et 126 000 euros HT en ce qui concerne les activités de prestation de service.

De plus, les plus-values inférieures à 15 000 euros sont complètement exonérées.

➢ Sociétés soumises à l'IS

Pour ces entreprises, il n'existe aucun allègement fiscal sur les plus-values immobilières. L'imposition des plus-values se fait dans ce cas au taux d'IS soit 33,1% de droit commun. L'unique optimisation existante est le taux réduit d'IS, lequel s'élève à 15%.

L'application de la TVA selon les cas

Nous ne pouvions être exhaustifs sans accorder quelques mots à la question de la Taxe sur la Valeur Ajoutée (TVA), un impôt sur la consommation qui est inexistant sur l'achat d'un local commercial sauf lorsque le bien est neuf (de moins de 5 ans), auquel cas la taxe s'élève à 20%. En effet, les droits d'enregistrement sont, dans ce cas, remplacés par le paiement de la TVA.

Voici le détail des activités par lesquelles le contribuable sera concerné par cette taxe :

- Construction-vente de biens immobiliers.

- Marchand de biens, soit l'achat-revente.

- Immobilier détenu à titre professionnel

- Opérations particulières menées par un professionnel (ex. : restauration de biens classés)

L'application de la TVA répond d'une part au cas d'une cession entre particuliers et d'autre part à celui d'une vente par un professionnel. Dans le second cas, c'est le vendeur qui se charge du paiement de la TVA à hauteur de 20%, et ce, que l'acheteur soit un professionnel ou un particulier.

Le vendeur assujetti, c'est-à-dire qui réalise des ventes immobilières à titre professionnel, est imposé à la TVA uniquement dans le cas d'une vente de terrains à bâtir ainsi que la vente de biens immobiliers neufs. La TVA n'est pas applicable si le vendeur n'est pas assujetti.

PARTIE 7

EXPLOITER LES NICHES FISCALES IMMOBILIÈRES FRANÇAISES

PARTIE 7 –
EXPLOITER LES NICHES FISCALES IMMOBILIERES FRANÇAISES

Loi Pinel

La loi Pinel fait partie des dispositifs fiscaux qui permettent de réduire ses impôts grâce à l'investissement immobilier. Plus précisément, le régime de cette loi concerne l'investissement dans l'achat de logements neufs en vue d'une location sur plusieurs années, tout en respectant un certain nombre de conditions et de modalités.

La solution de défiscalisation Pinel permet de choisir une durée d'engagement à ce dispositif entre 6, 9 et 12 ans, corrélée à un seuil de 36 000 euros sur 6 ans, 54 000 euros sur 9 ans, et 63 000 euros sur 12 ans. L'engagement sur 6 ans offre une réduction d'impôt de 12% sur le prix d'acquisition, tandis qu'un engagement de 9 ans implique une réduction de 18%, et 12 ans une déduction de 21% de la somme d'acquisition du bien immobilier.

Cela signifie que pour bénéficier de la défiscalisation de la loi Pinel, le bien immobilier de l'investisseur doit être loué au minimum six années consécutives, sans interruption.

Il faut savoir que pour profiter de la loi Pinel, il est indispensable de respecter les règles suivantes :

- Il est possible d'investir grâce à la loi Pinel dans deux biens immobiliers par an, tout en respectant le plafond de 300 000 euros par foyer fiscal.

- Le seuil du prix du mètre carré est de 5 500 euros.

- La réduction d'impôt ne peut être reportée d'une année à l'autre.

Néanmoins, toutes les villes ne sont pas éligibles au dispositif Pinel, puisque celui-ci encourage la création de logements dans les zones où l'offre est plus faible que la demande. C'est alors la construction de logements dans les secteurs en zone A et en zone B1 qui se verra soutenue, soit l'Ile de France, Lille, Lyon, Montpellier, Marseille, la Côte d'Azur et le genevois français, ainsi que les agglomérations comptant au moins 250 000 habitants, et certaines villes dans lesquelles l'immobilier est coûteux comme Chambéry ou La Rochelle.

D'autres conditions doivent être respectées pour prétendre au dispositif Pinel, à savoir :

- La location doit être non meublée

- Les locataires doivent user du lieu comme résidence principale

- Un plafonnement est exigé quant aux ressources des locataires

En ce qui concerne le plafond de revenus en loi Pinel, celui-ci se situe par exemple entre 28 876 euros et 39 363 euros pour une personne seule selon le secteur dans lequel se trouve le bien, et entre 46 372 euros et 77 120 euros pour une personne seule ou un couple avec une personne à charge.

Lors de la déclaration d'impôts Pinel de votre première année d'activité, vous devrez vous munir de deux éléments nécessaires : le prix de revient de votre investissement et sa durée d'engagement. Il faudra remplir le formulaire n°2044EB en premier lieu, puis le formulaire n°2042 C afin d'indiquer le montant de votre investissement locatif pour la première année. Dès cette-dernière et tout le long de votre activité, il faudra bien entendu déclarer vos revenus fonciers pour vos locations non meublées, et ce par le biais de la déclaration n°2044.

La seconde année de votre déclaration d'impôts, il ne sera plus nécessaire de disposer du prix de revient de votre investissement, et vous n'aurez qu'à remplir le formulaire n°2042 C.

Cosse – Louer Abordable

Le dispositif "Louer abordable" de la loi Cosse permet de bénéficier d'une réduction d'impôt par la mise en location d'un logement à prix abordable, ancien ou récent, nécessitant des travaux ou non, à des personnes aux revenus modestes. De plus, des primes régionales ainsi que des subventions sont offertes par la remise en l'état d'un bien immobilier. "Louer abordable" remplace depuis le 1er mars 2022 le dispositif "Loc'avantages" et est valable jusqu'au 31 décembre 2024.

Néanmoins, il est indispensable de suivre certaines conditions, notamment au sujet du logement loué. Celui-ci doit :

- Être non meublé

- Être la résidence principale du locataire

- Respecter un niveau de performance énergétique globale fixé par arrêté (les logements dont la classe énergétique est F ou G ne sont pas éligibles au dispositif)

– Répondre à un loyer qui ne dépasse pas certains plafonds

En effet, il existe trois niveaux de loyers : intermédiaire, social, et très social. Ces niveaux sont facteurs, avec la zone correspondant à la situation géographique du logement, du plafond de loyer applicable en euros par mètre carré par mois.

Ci-dessous figurent ces plafonds :

Zones**	Zone A bis	Zone A	Zone B1	Zone B2	Zone C
Loyer "intermédiaire"	17,62	13,09	10,55	9,17	9,17
Loyer "social"	12,32	9,48	8,16	7,84	7,28
Loyer "très social"	9,59	7,38	6,36	6,09	5,65

Source ANIL : https://www.anil.org/dispositif-cosse-deduction-fiscale-louer-abordable/

Pour les territoires d'outre-mer, il faut noter que le plafond de loyer "intermédiaire" s'élève à 10,73 euros par mètre carré par mois.

Le locataire doit également disposer de ressources ne dépassant par une limite fixée par l'Etat, qui dépend du profil du foyer fiscal et du type de convention signée avec l'ANAH.

D'autres critères doivent être respectés par le contrat de location, en effet :

- La durée de la location doit être de six ans minimums

- Le locataire ne peut faire partie du foyer fiscal du bailleur ou être un descendant ou ascendant de celui-ci, ni même être déjà un résident du logement concerné (dans ce dernier cas, il faudra réaliser le renouvellement du bail)

- Pour être éligible au dispositif Cosse, le propriétaire doit avoir signé une convention avec l'Anah (Agence Nationale de l'Habitat)

En effet, pour bénéficier de la loi Cosse, il est nécessaire de déposer une demande sur la plateforme de l'Anah. Une convention sera alors signée avec celle-ci, et durera au minimum six ans, voire 9 ans si des travaux doivent être réalisés.

Maintenant que nous avons dessiné le cadre d'application du dispositif et les conditions à suivre pour en bénéficier, vous trouverez ci-dessous l'avantage fiscal qu'il représente pour le propriétaire. Il est conditionné par le loyer et la situation géographique du bien.

Montant des déductions sur les loyers

Niveau de loyer	Zones A/A bis/B1	Zone B2	Zone C
Intermédiaire	30 %	15 %	-
Social/très social	70 %	50 %	50 %(*)
Intermédiation Locative	85 %	85 %	85 %(**)

(*) Conventionnement avec travaux signé à compter du 1er janvier 2021
(**) Conventionnement social ou très social signé à compter du 1er janvier 2021

Source ANIL : https://www.anil.org/dispositif-cosse-deduction-fiscale-louer-abordable/

L'intermédiation consiste à recourir à un intermédiaire agréé ou une agence immobilière à vocation sociale dont la fonction est de gérer votre location. En faisant appel à un tel organisme, la déduction fiscale s'élèvera à 85%, et ce peu importe la zone dans laquelle se situe le logement.

Ma prime Rénov

MaPrimeRénov' constitue une aide à la rénovation énergétique versée par l'Anah (Agence nationale de l'habitation) aux demandeurs sous la forme d'une prime forfaitaire. Sans aucune condition de revenu, cette aide permet à tous de sortir de la précarité énergétique. D'ailleurs, ce développement à l'accès au confort énergétique et accompagné d'un soin apporté au pouvoir d'achat des Français grâce aux économies d'énergie.

Pour profiter de MaPrimeRénov', il faut :

- Être propriétaire, en France ou dans les DOM, d'un bien immobilier depuis 15 années au minimum, sauf si la rénovation porte sur le remplacement d'une chaudière à fioul, auquel cas le logement doit être détenu depuis au moins 2 ans

- Occuper le bien au moins huit mois par an

- Que le bien doit avoir un usage de résidence principale

- Que les travaux éligibles à l'aide soit effectués par une entreprise RGE (reconnu garant de l'environnement)

Tous les profils peuvent accéder à cette aide à la rénovation, mais plus les ressources d'un ménage seront faibles, plus le montant de la prime forfaitaire sera élevé, bien que ce ne soit pas le seul facteur pris en compte. Il existe alors quatre profils de bénéficiaires selon leurs revenus, auxquels est assignée une couleur spécifique. MaPrimeRénov' Bleu concerne les ménages aux revenus précaires, MaPrimeRénov' Jaune représente les bénéficiaires aux revenus modestes, tandis que les profils disposant de revenus intermédiaires pourront profiter de MaPrimeRénov' Violet, et MaPrimeRénov' Rose concerne les profils aux revenus élevés.

En effet, tous les travaux ne sont pas admis dans le cadre de l'aide à la rénovation énergétique. Voici pour quels travaux MaPrimeRénov' est éligible :

- Travaux d'isolation thermique des parois soit les fenêtres, les murs, les combles...

- Installation d'un système de chauffage ou de production d'eau chaude sanitaire écologique

- Pose d'une VMC (système de ventilation à double flux)

- Certaines actions en faveur de la préservation de l'environnement comme l'audit énergétique

Le montant de la prime octroyée dépend de la catégorie de revenus du foyer ainsi que du gain écologique qui a découlé des travaux de rénovation énergétique, et par-là du type de travaux effectué. Dans tous les cas, elle ne peut dépasser 20 000 euros par logement sur un délai de 5 ans.

Depuis le 1er janvier 2022, une nouveauté nommée "MaPrimeRénov' Sérénité" a été incluse dans le programme. C'est une particularité dédiée aux ménages les plus modestes, c'est-à-dire que les travaux réalisés par ceux-ci ne doivent plus générer un gain énergétique de 55%, mais bien de 35%.

De plus, sachez qu'il existe des bonus octroyés par l'Anah en plus des primes, pouvant aller de 500 euros à 3000 euros. Cela est possible lorsque, grâce à la réalisation de certains travaux éligibles, votre logement quitte la lettre F ou G en termes de performances énergétiques, et/ou il atteint la lettre A ou B.

Il est assez simple de bénéficier de MaPrimeRénov'. Pour cela, vous devez en premier lieu faire une demande de devis à une entreprise certifiée RGE, afin d'effectuer votre demande sur le site internet MaPrimeRénov'. Après avoir étudié votre demande, l'Anah vous transmettra un montant de prime. Vous réalisez ensuite vos travaux, et vous transmettez vos factures et justificatifs sur votre espace personnel du site MaPrimeRénov'. La prime qui vous est accordée vous sera transmise par virement bancaire.

Denormandie

Le dispositif Denormandie est une extension du dispositif Pinel, puisqu'il incite les investisseurs à acheter dans certaines villes des logements anciens en vue d'une rénovation et d'une mise en location. Une réduction d'impôt est alors accordée grâce à la réalisation de travaux qui améliorent la performance énergétique de ces anciennes habitations.

Les villes éligibles au dispositif Denormandie sont celles ayant signé des conventions appelées "Coeur de Ville" et celles qui se sont engagées dans des opérations de revitalisation du territoire (ORT).

Pour bénéficier de ce dispositif, il est nécessaire :

- D'être propriétaire d'un bien qui nécessite une rénovation, au sein des villes éligibles
- Que les travaux de rénovation constituent 25% de votre investissement global
- De mettre le logement en location nue pour une durée de 6, 9 ou 12 ans

De plus, les travaux à effectuer doivent porter sur :

- Une amélioration et un assainissement de surfaces habitables
- La création de nouvelles surfaces habitables
- La rénovation énergétique, c'est-à-dire découlant sur des économies d'énergie

Des conditions de location doivent également être respectées, notamment :

- Une location du bien sur une durée minimale de 6 ans
- Le respect de plafonds de loyers et de ressources (qui sont les mêmes que pour le dispositif Pinel)
- Une fois les travaux réalisés, le logement doit être mis en location sous un délai d'un an

À noter que sous le dispositif Denormandie, il est admis que le locataire soit un ascendant ou un descendant du propriétaire.

La réduction d'impôt accordée dépend de la durée pendant laquelle le propriétaire s'engage à louer le logement en question :

- Une réduction d'impôt de 12% du prix du logement (soit le prix d'achat du bien additionné au coût des travaux) est octroyée au propriétaire pour une location de 6 ans
- L'abattement fiscal dont bénéficie le propriétaire pour une location de 9 ans est de 18%
- Une réduction d'impôt de 21% sera accordée pour une location de 12 ans

Il faut également savoir que la prise en charge des dépenses par le dispositif Denormandie ne peut excéder 300 000 euros.

Pour bénéficier de la réduction d'impôt Denormandie, il faut déclarer votre investissement immobilier dans la déclaration annuelle de revenus. Il vous sera également demandé de joindre une copie du bail de location, l'avis d'imposition du locataire du logement, ainsi que les devis des travaux effectués.

Viager

Le viager est un mode d'achat fiscalement avantageux pour l'acheteur tout comme le vendeur. Le principe est le suivant : L'acheteur verse une rente viagère au vendeur jusqu'à son décès. Il existe le viager libre et le viager occupé, le second se caractérisant par le fait que le vendeur occupe toujours le logement lors du versement de cette rente. Sinon, un viager libre peut notamment avoir lieu lorsque le vendeur use du viager comme financement de son départ en maison de retraite. Ainsi, dans ce dernier cas, l'acquéreur dispose des espaces du bien.

Un des avantages fiscaux du viager pour l'acheteur est que celui-ci évite d'avoir recours à un crédit immobilier. De plus, il se constitue un patrimoine immobilier dans le temps. L'avantage le plus notable pour l'acquéreur porte sur la diminution ou l'évitement de l'impôt sur la fortune immobilière (IFI), puisqu'il ne déclare que la valeur correspondante à la nue-propriété du bien, et non celle de la pleine propriété.

Le prix d'achat est déterminé par la valeur du bien et l'espérance de vie du vendeur. En effet, la valeur de la rente ne peut être fixée à l'avance avec certitude, c'est pourquoi plusieurs critères sont étudiés afin de déterminer un juste montant. Ces éléments à considérer sont ainsi la valeur du bien, l'espérance de vie du vendeur mais également les loyers susceptibles d'être perçus si le bien était mis en location. C'est en partie le rôle du notaire de calculer le montant de la rente, et ce grâce à des barèmes.

De plus, le prix d'achat du bien est certes constitué de la rente viagère, mais peut également, ce qui n'est pas obligatoire, comprendre une somme payée le jour de la vente.

Le type de viager et les clauses du contrat de vente viennent encadrer la répartition du paiement des charges entre le vendeur et l'acquéreur. Nous avons en effet distingué le viager libre du viager occupé, mais ce-dernier se scinde en deux figures : le viager occupé avec usufruit et le viager occupé avec droit d'usage. Dans le premier cas, le vendeur peut résider dans le logement et le louer, tandis que dans le second cas la location est exclue de ses droits. Ainsi, pour les charges du bien immobilier et dans le cas d'un viager occupé avec usufruit, il est du devoir du vendeur de payer les taxes d'habitation, foncière et des ordures ménagères, les réparations courantes et les factures d'énergie. Néanmoins, ces charges sont, dans le cas d'un viager occupé avec droit d'usage, dues par l'acheteur. Dans le viager libre, c'est également ce-dernier qui doit s'occuper du paiement des charges.

Il faut savoir que les rentes viagères sont soumises à l'impôt sur le revenu pour une part précise de leur somme, pouvant aller de 30% à 70%, et qui diminue avec l'âge du vendeur.

Malraux

La loi Malraux est un dispositif de défiscalisation immobilière qui encourage l'investissement dans l'immobilier ancien, puisqu'elle déduit des impôts le coût des travaux de réhabilitation engagés pour les biens anciens à caractère historique. Ce dispositif s'applique alors aux biens situés dans un Site patrimonial remarquable (SPR), dans un quartier ancien dégradé (QAD) en vue d'une restauration d'utilité publique, dans une Aire de Mise en Valeur de l'Architecture et du Patrimoine (AMVAP) ou encore une Zone de Protection du Patrimoine Architectural, Urbain ou Paysager (ZPPAUP).

La réduction d'impôt peut s'élever jusqu'à 30% des dépenses réalisées dans la limite du plafond de 400 000 euros sur 4 années consécutives. Il est tout de même possible, en tant qu'investisseur, de moduler et reporter ce plafond à l'année suivante lorsque cela est nécessaire. C'est également la zone géographique dans laquelle le bien immobilier se situe qui va déterminer la réduction d'impôt.

L'acheteur doit respecter une liste de conditions pour profiter des avantages de la loi Malraux, c'est-à-dire :

- S'engager dans la restauration complète du bien immobilier
- Obtenir une réponse positive de la part du Préfet (ASP) à la suite d'une demande d'autorisation spéciale
- S'engager à louer pendant 9 années au minimum les logements nus à usage de résidence principale
- Une fois les travaux achevés, le bien doit être mis en location sous 12 mois maximum
- Le locataire ne doit pas être un membre du foyer fiscal, ni un ascendant ou un descendant du propriétaire

Concernant les travaux, ils doivent être suivis par un Architecte des Bâtiments de France et ils doivent porter sur la réparation, l'entretien, l'amélioration, la réfection des toitures, des murs extérieurs existants, etc...

Censi-Bouvard

Le dispositif Censi-Bouvard permet de profiter d'une réduction d'impôt sur le revenu par le biais de l'investissement dans les résidences de services meublées dédiées aux étudiants et aux personnes âgées. C'est alors une loi qui concerne les loueurs de biens meublés non professionnels (LMNP).

C'est le prix de revient du bien immobilier qui permet de déterminer la réduction d'impôt sur 9 ans au taux de 11%, sans excéder la limite de 300 000 euros par investissement.

Ce dispositif a également pour avantage de récupérer la TVA, en respectant ces conditions :

- La résidence acquise doit proposer trois services au minimum
- Les loyers perçus par l'exploitant répondent à une TVA de 5,5%
- Le propriétaire doit obligatoirement sélectionner le statut LMNP et déclarer ses revenus grâce au régime micro-BIC

D'ailleurs, grâce au statut LMNP et au dispositif Censi-Bouvard, l'acquéreur peut profiter d'un amortissement sur l'ensemble de ses dépenses de plus de 598 euros portant sur l'ameublement et l'équipement du logement

Pour bénéficier de la réduction d'impôt Censi-Bouvard, l'acquéreur doit respecter ces conditions :

- Sa résidence fiscale est en France
- Il s'engage à louer son bien sous 12 mois à l'issue de l'acquisition ou de l'achèvement des travaux
- La location doit durer 9 années au minimum et être conclue avec l'exploitant de la résidence par un bail commercial
- Le locataire ne peut être un membre du foyer fiscal, un ascendant ou un descendant du propriétaire

Monuments Historiques

La loi sur les Monuments Historiques permet aux propriétaires de biens classés Monument Historique d'obtenir une défiscalisation sur les travaux de rénovation réalisés et les intérêts d'emprunt. Cette loi peut paraître assez proche du dispositif Malraux, mais ce-dernier porte sur les biens situés dans des sites sauvegardés, non sur les biens classés MH.

Pour être éligible à la loi sur les Monuments Historiques, l'immeuble doit :

- Être classé Monument Historique
- Être inscrit à l'inventaire Supplémentaire des Monuments Historiques

- Être compris dans le Patrimoine National
- Détenir le label transmis par le Fondation du patrimoine

Le dispositif MH offre une déduction d'impôt sur le montant des travaux de rénovation et d'entretien effectués, sans aucun plafonnement sur la défiscalisation octroyée. De plus, aucune location du bien n'est admise à la suite de l'achèvement des travaux, mais vous vous engagez à partir du moment de son acquisition à conserver le bien pendant 15 ans au minimum.

Deux autres avantages s'affichent également au compteur de cette loi, à savoir la déduction d'un déficit foncier de votre revenu global, ainsi qu'une exonération des frais de succession et de donation, sous condition que les bénéficiaires aient signé une convention avec le ministère de la Culture. Pour profiter de ce-dernier avantage, il est également admis que le bien soit ouvert au public au moins 80 journées par an du mois de mai au mois de septembre ou 60 journées du 15 juin à la fin du mois de septembre.

Concernant les travaux éligibles à la défiscalisation, on compte :

- Les travaux d'entretien ou de réparation du bien
- L'amélioration des parties à usage d'habitation
- Les frais et intérêts d'emprunt
- Les primes d'assurances
- Les frais de gestion
- Les provisions pour charges de copropriété
- Les taxes et impôts

Néanmoins, certaines conditions viennent encadrer cette défiscalisation.

D'une part, si le bien n'est pas ouvert au public, deux situations se présentent :

- Aucune recette n'est générée par le bien, alors seulement 50% des charges font l'objet d'une réduction d'impôt

- Des recettes sont générées par le bien, par exemple grâce à une location. Dans ce cas, les charges liées à la partie du logement en location sont déduites de l'ensemble des bénéfices. Il est également possible d'opter pour une déduction forfaitaire à hauteur de

75% des charges foncières liées à l'ensemble du bien.

D'autre part, les monuments ouverts au public qui ne produisent pas de recettes offrent une déduction d'impôt de 100%. Pour les biens qui génèrent des bénéfices, il sera indispensable de soustraire des recettes découlant de visites les frais qui incombent à celles-ci. Sinon, le propriétaire peut également se tourner vers une déduction forfaitaire d'un montant de 1 525 euros, ou 2 290 euros si un parc est également ouvert au public.

Crédit d'impôt pour l'aide à domicile

Un crédit d'impôt diffère d'une réduction d'impôt, puisque le second permet de diminuer l'impôt à payer ou d'exonérer les personnes qui en sont redevables. Par définition, seules les personnes imposables peuvent bénéficier d'une réduction d'impôt, tandis que les personnes imposables peuvent bénéficier du crédit d'impôt. Ce-dernier représente un remboursement dans le cas où il constitue une somme supérieure à celle de l'impôt à payer.

Il est d'ailleurs possible de bénéficier d'un crédit d'impôt dans le cas où vous faites appel au service d'une aide à domicile. Ce crédit d'impôt s'élève à hauteur de 50% des dépenses nettes réalisées au cours de l'année relative à l'aide à domicile, soit l'aide dans le quotidien comme le lever et la préparation des repas, ainsi que les entretiens courants du logement.

Néanmoins, des plafonds annuels viennent encadrer ce dispositif, à savoir :

- 12 000 euros de dépenses nettes annuelles (permettant un remboursement de 6 000 euros)

- Une majoration de 1 500 euros par enfant à charge et par personne âgée de 65 ans du membre du foyer fiscal peut être octroyée

- L'ajout de majorations ne peut excéder un plafond total de 15 000 euros (permettant un remboursement de 7 500 euros)

- Le seul cas d'outre-dépassement du plafond de 15 000 euros pour un nouveau plafond de 20 000 euros s'établit par la présence d'un membre du foyer fiscal qui est titulaire de la carte d'invalidité ou qui perçoit une pension d'invalidité de troisième catégorie ou qu'un complément d'allocation d'éducation spéciale est permis de droit à un enfant à charge du foyer fiscal.

PARTIE 8

IMPOSITION SUR LA FORTUNE IMMOBILIÈRE

PARTIE 8 –
IMPOSITION SUR LA FORTUNE
IMMOBILIERE

L'impôt sur la fortune immobilière (IFI) concerne toute personne physique, résidant en France ou non, en possession d'un patrimoine immobilier net d'une valeur égale ou supérieure à 1,3 million d'euros au 1er janvier de l'année en question. L'ancêtre de l'IFI est l'ISF, l'impôt de solidarité sur la fortune, qui portait sur la fortune globale, et non uniquement immobilière.

Lors du calcul de l'IFI, c'est la valeur nette taxable qui est retenue, soit le montant qui résulte de la différence entre la valeur du bien et les dettes de celui-ci. Une dette peut correspondre à des emprunts immobiliers, des travaux d'amélioration, de construction, d'agrandissement, à des parts ou actions acquises, à la taxe foncière, aux droits de succession, mais aussi aux travaux d'entretien payés par le propriétaire dans le cas où son locataire ne l'a pas remboursé de ce qu'il lui devait pour ceux-ci.

Sachez tout de même que vous pouvez réduire votre impôt à hauteur de 75% des dons réalisés auprès d'organismes d'intérêt général constitués en France ou dans un Etat européen. Néanmoins, un plafond annuel global de 50 000 euros a été fixé.

À noter que l'IFI s'applique à l'ensemble du foyer fiscal, et qu'il est obligatoire de le déclarer par le biais de l'annexe n°2042-IFI.

Les seuils d'IFI

Bien que le seuil d'IFI communiqué est 1,3 million d'euros, il faut savoir que le premier barème disposant d'un taux applicable à 0,50% concerne les patrimoines immobiliers compris entre 800 000 euros et 1,3 million d'euros. Cela signifie que lorsque vous êtes soumis à l'IFI, le calcul de votre imposition commence à 800 000 euros.

Les seuils distincts liés aux taux qui leurs sont applicables sont les suivants :

- Entre 1,3 million et 2,570 millions d'euros : 0,70%

- Entre 2,570 millions d'euros et 5 millions d'euros : 1%

- Entre 5 millions et 10 millions d'euros : 1,25%

- Plus de 10 millions d'euros : 1,50%

Cependant, il est possible d'obtenir déduction du montant de l'IFI auquel vous êtes soumis grâce à une décote, si le patrimoine déclaré répond à une valeur comprise entre 1,3 million et 1,4 million d'euros. Voici le calcul de cette décote : 17 500 euros – (1,25 x le montant du patrimoine net taxable).

Le patrimoine imposable

Lors de votre déclaration de l'IFI, vous avez pour devoir de déclarer les biens tels que :

- Les biens immobiliers bâtis comme les maisons, appartements, dépendances...

- Les biens classés Monument Historique

- Les biens immobiliers en cours de construction au 1er janvier de l'année concernée

- Les biens immobiliers non bâtis tels que les terrains

- Les biens détenus indirectement soit des parts de sociétés immobilières, c'est-à-dire une fraction de l'immobilier soumis à l'impôt

- Les droits immobiliers (usufruit, usage d'habitation, etc...)

Il faut noter qu'un actif bénéficiant d'une exonération de 75% n'est compris dans le patrimoine imposable à l'IFI que pour 25% de sa valeur. On compte ainsi :

- Les bois et forêts

- Les parts de groupements forestiers

- Les parts de groupements fonciers agricoles ou viticoles (GFA ou GFV)

PARTIE 9

TAXES ET IMPÔTS À CONNAÎTRE

PARTIE 9 -

TAXES ET IMPOTS A CONNAITRE

Taxe foncière

La taxe foncière fait partie des impôts locaux et se caractérise par le fait qu'elle est due par toute personne qui est propriétaire d'une maison ou d'un appartement au 1er janvier de l'année concernée.

Cette taxe est calculée grâce à la valeur locative du bien, c'est-à-dire le montant du loyer moyen annuel que celui-ci impliquerait s'il était mis en location. Ensuite, ce sont les collectivités locales qui votent le pourcentage d'imposition à appliquer. Son montant répond à la formule suivante : la base d'imposition multipliée par le taux d'imposition voté par la commune.

Il existe différents cas d'exonération :

- Vous êtes une personne âgée de plus de 75 ans et vos ressources sont inférieures à un certain plafond

- Vous êtes bénéficiaire de l'allocation de solidarité aux personnes âgées (Aspa), de l'allocation supplémentaire d'invalidité (ASI) ou bien de l'allocation aux adultes handicapés (AAH)

Taxe d'habitation

Concernant la taxe d'habitation, elle représente aussi un impôt local mais elle est due par l'occupant du logement au 1er janvier de l'année. Ainsi, si le bien n'est pas occupé, soit dit "vacant", alors il n'y a pas de taxe à payer, sur la base de justificatifs fournis.

Les éléments qui déterminent le montant de la taxe d'habitation sont :

- La situation personnelle, soit les revenus, la composition du foyer fiscal...

- Les caractéristiques du bien soumis à l'impôt

Comme pour la taxe foncière, la taxe se calcule grâce à la valeur locative nette du bien multipliée par les taux votés par les collectivités locales.

Pour l'ensemble des Français, la taxe d'habitation se voit diminuée progressivement, et plus aucun foyer ne sera redevable de celle-ci sur leur résidence principale en 2023.

Contribution économique territoriale (CET)

La contribution économique territoriale s'est vue remplacer la taxe professionnelle en 2010 et se compose de deux parties, à savoir la cotisation foncière des entreprises (CFE) et la cotisation sur la valeur ajoutée des entreprises (CVAE). Elle répond à une nouvelle forme d'imposition, soit au profit des collectivités territoriales, elle fait alors partie des impôts locaux. La CET doit être payée par les personnes physiques ou morales qui exercent en France une activité professionnelle non salariée et qui ne bénéficient pas d'exonération. On compte d'ailleurs parmi ces personnes les loueurs en meublé non professionnels.

La CET comprend alors plus précisément :

- La cotisation foncière des entreprises (CFE) qui est assise sur la valeur locative du bien situé en France et éligible à la taxe foncière. C'est la valeur ajoutée de l'entreprise qui permet de calculer cette cotisation, autrement dit, la base d'imposition (constituée par la valeur locative) est multipliée par le taux d'imposition adopté par la collectivité locale. Le formulaire n°1447 C permet de répondre à son devoir déclaratif auprès du Service des Impôts des Entreprises (SIE).

- La cotisation sur la valeur ajoutée des entreprises (CVAE) qui repose quant à elle sur la valeur ajoutée de l'entreprise. Elle concerne les entreprises dont le chiffre d'affaires hors taxes (HT) est supérieur à 152 500 euros, mais seules les entreprises dont le CA excède 500 000 euros HT doivent s'en acquitter. Une obligation déclarative grâce à la déclaration n°1330-CVAE incombe aux entreprises au chiffre d'affaires compris entre 152 500 euros et 500 000 euros. La CVAE n'est cependant pas due lors de l'année de création de l'entreprise, sous condition que son premier exercice soit clôturé au plus tard le 31 décembre de cette première année.

Ainsi, la CET représente la somme de la CFE et de la CVAE, et il est possible de profiter d'une réduction de la CET selon deux situations :

- Le montant de la cotisation à payer est supérieure au montant de la valeur ajoutée produite

- La réforme de la taxe professionnelle engendre des potentielles augmentations de taxe, donc de manière temporaire il est possible de bénéficier d'une réduction de la CET

Il faut savoir que la Contribution Économique Territoriale (CET) est plafonnée à 3% de la valeur ajoutée de l'entreprise. Un dégrèvement peut alors avoir lieu lorsque la cotisation correspond à un montant excédant de 3% la valeur ajoutée produite.

Taxe sur les logements de petite surface

Une taxe sur les micro-logements, soit dont la surface est inférieure ou égale à 14 mètres carrés, et situés dans les zones tendues, venait limiter et encadrer les loyers qui dépassaient le plafond établi par décret. Cette taxe également appelée "taxe Apparu" a été supprimée au début de l'année 2020.

La taxe était appliquée aux loyers supérieurs ou égaux à 42,47 euros par mètre carré de surface habitable. De plus, les zones tendues concernent les communes situées en zone A et A bis. Néanmoins, la taxe Apparu n'était pas appliquée aux résidences avec services.

Le taux de la taxe était déterminé par l'écart entre le seuil de loyer et le loyer appliqué par le bailleur.

Taxe d'aménagement

La taxe d'aménagement est un impôt local dû par toute personne, que ce soit un professionnel ou un particulier, qui réalise des travaux nécessitant une autorisation préalable (entre 5 et 20 mètres carrés de surface construite) et un permis de construire (plus de 20 mètres carrés de surface construite). Cette taxe comprend alors la construction, l'extension, mais également le changement de fonction d'un bâtiment non soumis à la taxe à un local qui se voit désormais soumis à celle-ci.

Les collectivités usent de cet impôt en vue du financement d'équipement pour effectuer de nouveaux aménagements ou constructions.

Pour calculer la taxe d'aménagement, trois éléments sont invoqués : la surface habitable, la valeur forfaitaire du mètre carré, ainsi que le taux communal ou intercommunal.

On multiplie la surface habitable, par exemple 40m2, par la valeur au mètre carré, disons 753 euros. On obtient 30 120, qu'on multiplie par le taux communal d'une part, et le taux départemental d'autre part.

Le taux communal s'élève, par exemple, à 2%, et le taux départemental est plafonné à 2,5%. Les résultats obtenus sont 602 euros et 753 euros, qui additionnés forment une taxe de 1355 euros.

En effet, il faut noter que le taux communal se situe entre 1% et 5%, et il est possible qu'il atteigne jusqu'à 20%. Le taux départemental est quant à lui, fixé à 2,5% pour tous les départements.

La taxe est redevable par :

- Les bénéficiaires d'une autorisation de construire ou d'aménager
- Une personne considérée comme responsable d'une construire illégale
- Les bénéficiaires d'un transfert d'une autorisation

Ces événements suivants entraînent l'exigibilité de la taxe d'aménagement :

- Délivrance d'un permis de construire ou d'aménagement
- Délivrance d'un permis modificatif

- Décision de non-opposition à une déclaration préalable
- Naissance d'un permis tacite de construction ou d'aménagement
- Suite à la réalisation de constructions sans autorisation ou en infraction, délivrance d'un procès-verbal

Un certain délai est laissé aux redevables de la taxe d'aménagement pour que ceux-ci s'en acquittent. En général, cette taxe est payée en deux fois, soit une moitié un an après avoir déposé la déclaration préalable ou la délivrance du permis de construire, puis l'autre moitié deux ans après cette même date.

Enfin, il faut savoir que les 100 premiers mètres carrés de la résidence principale du propriétaire font l'objet d'un abattement de 50%.

Une exonération totale est accordée dans les cas suivants :

- La réalisation de travaux n'impliquant pas l'obligation d'obtenir une autorisation d'urbanisme (soit moins de 5 mètres carrés construits)

- Après un sinistre important, un bâtiment est construit à nouveau à l'identique

- Un plan de prévention des risques rend obligatoires la réalisation de constructions

- Certaines communes offrent une exonération pour la construction d'abris de jardin dont la surface est comprise entre 5 et 20 mètres carrés

Contribution sur les revenus locatifs

Également appelée "contribution sur les revenus de location", la CRL est une taxe locative française, puisqu'elle est appliquée aux revenus résultant de la location de locaux professionnels ou à usage personnel dont la construction date d'il y a plus de 15 ans.

Uniquement les personnes morales soumises à l'impôt sur les sociétés au taux de droit commun et les organismes à but non lucratif sont redevables de la contribution sur les revenus locatifs.

Cette contribution est due par le bailleur du bien immobilier concerné, mais 50% de la taxe est à la charge du locataire lorsque la situation présente est la suivante : la location porte sur des locaux commerciaux prenant place dans des immeubles qui comprennent des locaux d'habitation ou dédiés à l'exercice d'une activité pour plus de la moitié de leur superficie.

Selon l'article 234 nonies du CGI, il existe plusieurs types d'immeubles exonérés de la contribution sur les revenus locatifs, nous vous en citons quelques-uns :

- Les terrains nus

- Les immeubles construits il y a plus de 15 ans mais durant ces années, ils ont fait l'objet de constructions nouvelles

- Les immeubles qui appartiennent ou qui sont destinés à devenir la propriété de l'Etat ou d'organismes dépendant de l'Etat

- Les immeubles étant la propriété des HLM (habitations à loyer modéré)

La CRL est calculée grâce aux recettes nettes perçues lors de l'année concernée par l'imposition. À ces recettes, est ensuite appliqué le taux de 2,5%.

Néanmoins, il faut noter que la CRL est déductible des revenus fonciers.

Taxe sur les logements vacants

La taxe sur les logements vacants porte comme son nom l'indique sur les biens immobiliers à usage d'habitation inoccupés depuis au moins une année, et plus particulièrement dans des secteurs où il est difficile de se loger, c'est-à-dire en "zone tendue", soit en zone où la demande de logement est plus élevée que l'offre. Ainsi, la TLV s'applique uniquement dans 28 agglomérations comptant plus de 50 000 habitants.

Notez que même si votre logement n'est pas situé en zone tendue, vous pouvez être redevable de la taxe d'habitation sur les logements vacants (THLV). Les propriétaires ou usufruitiers d'un bien vacant doivent s'acquitter de la THLV si leur bien immobilier n'est pas occupé depuis plus de 2 ans.

La TLV est calculée grâce à la valeur locative du bien, à laquelle est appliquée un taux de 12,5% pour la première année et 25% pour les années suivantes. À noter qu'à compter de l'année 2023, il est possible qu'une certaine augmentation soit appliquée aux taux d'imposition de 6,5% pour la première année et de 9% pour les années suivantes.

Vous êtes exonéré de la TLV si :

- Des travaux sont nécessaires pour que le logement soit habitable et leur coût dépasse 25% de la valeur de ce-dernier

- Votre logement est inhabité indépendamment de votre volonté

- Votre bien est occupé plus de 3 mois consécutifs au cours de l'année

- Le bien concerné est votre résidence secondaire redevable de la taxe d'habitation

Taxe de 3%

Portant également le nom de "taxe sur la valeur vénale" (TVVI), la taxe de 3% est une taxe annuelle à un taux de 3% calculée sur la valeur vénale des immeubles ou droits immobiliers possédés au 1er janvier de l'année concernée.

Toute personne morale qui est en possession directement ou indirectement d'un ou plusieurs immeubles ou de droits réels immobiliers doit s'acquitter annuellement de la taxe de 3%.

Un certain nombre de cas connaissent une exonération de cette taxe, comme l'indique l'article 990 E du CGI, à savoir :

-   Les organisations internationales

-   Les Etats souverains, leurs subdivisions politiques et territoriales

-   Les entités juridiques qui ne témoignent pas d'une prépondérance immobilière. Cela signifie que la valeur vénale de leurs biens et de leurs droits immobiliers représente moins de 50% de la valeur vénale de l'ensemble des actifs français

-   Les entités juridiques dont le siège est situé au sein de l'Union européenne ou dans un pays ou un territoire tiers qui a conclu avec la France une clause de non-discrimination ou une convention d'assistance administrative. Ces entités juridiques doivent également suivre l'une des 4 conditions ci-dessous :

    •   Leur quote-part sur ces immeubles situés en France ou sur ces droits réels est inférieure à 100 000 euros ou à 5% de la valeur vénale de ces actifs immobiliers

- Ces entités sont reconnues d'utilité publique ou leur bien-fondé est désintéressé

- Ces entités sont des SPPICAV ou des fonds de placement immobilier

- Elles sont respectueuses de certaines obligations déclaratives et sont réactives et honnêtes dans la communication de renseignements à l'administration fiscale lorsque celle-ci leur en font la demande

C'est la déclaration n°2746 qui doit être remplie par les redevables de cette taxe avant le 16 mai de chaque année.

Taxe sur les surfaces commerciales

Pour les entreprises usant d'une surface commerciale de plus de 400 mètres carrés et dont le chiffre d'affaires est supérieur à 460 000 euros par an hors taxes, une taxe dénommée "taxe sur les surfaces commerciales" (TASCOM) doit être acquittée. De plus, cette taxe n'a pas à être payée par les commerces dont l'ouverture s'est établie avant l'année 1960.

Pour calculer cette taxe, est pris en compte le chiffre d'affaires hors taxes par mètre carré. On divise ainsi ce montant par la surface du commerce, comprenant les espace fermés et couverts permettant :

- Aux clients de circuler en vue d'effectuer leurs achats

- Que les marchandises soient exposées et que leur paiement soit effectué

- Que le personnel circule en vue de présenter la marchandise pour la vente

Puis, une grille fiscale vient déterminer le montant dont l'entreprise est redevable. Vous trouverez ci-dessous les barèmes à connaître :

- Pour un CA hors taxes constituant un montant jusqu'à 2 999 euros, la TASCOM est de 5,74 euros par mètre carré.

- Pour un CA hors taxes situé entre 3 000 et 12 000 euros, la TASCOM appliquée est de 5,74 euros par mètre carré aux 3 000 premiers euros, puis le CA qui excède 3000 euros se voit être multiplié par un coefficient de 0,00315.

- Pour un chiffre d'affaires HT débutant à 12 001 euros par mètre carré, la TASCOM s'élève à 34,12 euros par mètre carré.

Les surfaces commerciales de plus de 2 500 mètres carrés sont soumises à la TASCOM majorée de 50% du montant redevable, et pour les surfaces excédant 5 000 mètres carrés dont le CA dépasse 3 000 euros par mètre carré, la taxe est augmentée de surcroît de 30%.

Certains commerces bénéficient d'une réduction de 30% de la TASCOM. Parmi eux, on compte notamment les commerces dont la marchandise vendue constitue des meubles ou des automobiles, ainsi que les jardineries et pépiniéristes ou encore les vendeurs de machines à fonction agricole et de matériaux de construction. De plus, les surfaces commerciales comprises entre 400 et 600 mètres carrés dont le CA HT s'élève à moins de 3 800 euros par mètre carré bénéficient d'une réduction de 20% sur la TASCOM. D'ailleurs, ces réductions sont cumulables.

À noter qu'une franchise de 1 500 euros est appliquée aux commerces qui s'établissent dans une zone urbaine sensible (ZUS).

Pour finir, cette taxe est déductible du résultat imposable de l'entreprise au titre de l'impôt sur les sociétés.

PARTIE 10

LES DÉCLARATIONS

Partie 10 –
Les declarations

Chaque année, selon l'article 170 du Code Général des Impôts, toute personne résidant en France plus de 6 mois par an ou entreprise exerçant leur activité dans ce pays se doit de réaliser sa déclaration fiscale. C'est une obligation liée aux impôts.

Vous trouverez ci-dessous les déclarations principales répondant à une obligation déclarative de la part des entreprises :

- Impôt sur les sociétés (IS)

- Contribution économique territoriale (CET), comprenant la CFE et la CVAE

- Taxe sur la valeur ajoutée (TVA)

Les particuliers, quant à eux, doivent déclarer annuellement leurs revenus via :

- Impôt sur le revenu (IR)

- Taxe d'habitation et taxe foncière (impôts locaux)

Rappel sur les types de déclarations selon les impôts

➤ Particuliers

Impôt sur le revenu

- Déclaration 2042 : elle concerne l'impôt sur le revenu en général et est composée de rubriques portant sur la composition du foyer fiscal, des catégories de revenus ainsi que sur des charges potentiellement déductibles

- Déclaration 2044 : elle détermine le revenu foncier net

- Déclaration 2042 C PRO : sur laquelle sont renseignés les revenus des activités non salariées (BIC, BNC, BA)

- Déclaration 2042 complémentaire : ce formulaire permet de renseigner des investissements ayant une fonction de défiscalisation, par exemple le régime Censi Bouvard

- Déclaration 2042 IOM : elle porte sur les investissements constitués dans les DOM TOM

- Déclaration 2047 : elle porte sur les revenus perçus à l'étranger

- Déclaration 2074 : elle détermine les plus-values mobilières

- Déclaration 2746 : elle est relative à la taxe sur la valeur vénale des biens et droits immobiliers possédés

➤ Professionnels

Pour les entreprises, on compte plusieurs déclarations à remplir, telles que :

- La déclaration liée à l'imposition sur le résultat

- L'impôt sur les sociétés

- La CET (CFE et CVAE)

- La déclaration de la TVA

Entreprise à l'impôt sur les sociétés

- Déclaration 2065 : a pour fonction de déclarer le résultat et le montant de l'impôt sur les sociétés

- Selon le régime, afin de transmettre les comptes de résultat et bilans comptables au service des impôts :

  - Régime réel normal : déclaration 2050 à 2059 - G

  - Régime réel simplifié : déclaration 2033 de A à G

- Déclaration 2069-RCI : relative aux crédits d'impôts

- Déclaration 2746 : relative à la taxe sur la valeur vénale des biens et droits immobiliers possédés

Entreprise à l'impôt sur le revenu - déclaration BIC (Bénéfices Industriels et Commerciaux)

- Déclaration 2031 : a pour fonction de déclarer le résultat et le montant de l'impôt sur le revenu

- Selon le régime, afin de transmettre les comptes de résultat et bilans comptables au service des impôts :

  - Régime réel normal : déclaration 2050 à 2059 - G

- Régime réel simplifié : déclaration 2033 de A à G

- Déclaration 2069-RCI : relative aux crédits d'impôts

- Déclaration 2746 : relative à la taxe sur la valeur vénale des biens et droits immobiliers possédés

Entreprise à l'impôt sur le revenu - déclaration BNC (Bénéfices Non-Commerciaux)

- Déclaration 2035, A, B, C, E et G : a pour fonction de déclarer le résultat et le montant de l'impôt sur le revenu

Déclaration BA (Bénéfices Agricoles)

Selon le régime :

- Régime réel normal :

  - Déclaration 2143 : a pour fonction de déclarer le résultat de l'exploitation et le montant de l'impôt sur le revenu

- Déclaration 2144 à 2154 : permet de transmettre les comptes de résultat et bilans comptables au service des impôts

- Régime réel simplifié : déclaration 2033 de A à G

  - Déclaration 2139 : a pour fonction de déclarer le résultat de l'exploitation et le montant de l'impôt sur le revenu

  - Déclaration 2139 de A à E : permet de transmettre les comptes de résultat et bilans comptables au service des impôts

Société Civile Immobilière (SCI) à l'impôt sur le revenu

- Déclaration 2072-S, avec pour annexes 1 et 2 du formulaire 2072-E : permet de déclarer les résultats

- Déclaration 2072-C, avec pour annexes 1, 2 et 8 du formulaire 2072-E : permet de déclarer les résultats de la société, si elle est composée d'associés relatifs à des revenus fonciers ou professionnels

Déclaration de la TVA

- Déclaration 10 963 : est dédiée aux structures relevant du régime réel simplifié

- Déclaration 11 417 : est dédiée aux structures relevant du régime normal

> **Impôts locaux**

Contribution économique territoriale (CET)

Cotisation foncière des entreprises (CFE)

- Déclaration 1447-C : c'est un formulaire à remplir l'année de création de l'entreprise

Cotisation sur la valeur ajoutée des entreprises (CVAE)

L'année de création de l'entreprise, vous n'êtes pas redevable de la CVAE.

- Déclaration n°1330-CVAE : incombe aux entreprises au CA HT compris entre 152 500 euros et 500 000 euros

- Déclaration 1329-AC : permet aux entreprises générant un CA HT supérieur à 500 000 euros de répondre à leur devoir déclaratif

Taxe foncière

Aucune déclaration n'est exigée si votre propriété n'a connu aucune modification durant l'année.

Néanmoins, une nouvelle construction ou une reconstruction implique de remplir les formulaires suivant selon les cas :

- Déclaration 10 867, modèle H1 : elle concerne les maisons et autres constructions individuelles isolées

- Déclaration 10 869, modèle H2 : elle porte sur les appartements et dépendances dans un immeuble collectif

- Déclaration 10 517, modèle IL : elle doit être remplie en cas de transformation ou d'aménagement d'une construction existante

CONCLUSION

CONCLUSION

Vos connaissances et compétences sur la fiscalité immobilière sont certainement plus étoffées après la lecture de ce livre.

L'objectif est maintenant d'avoir une lecture personnelle permettant d'adapter les différents régimes et outils, à votre situation personnelle.

Pour faire les bons choix, prenez toujours en compte une fiscalité complète (du brut au net) dans vos calculs.

La fiscalité immobilière peut être très importante lorsque tous les éléments sont mis bout à bout.